¡Sssssshhhhhhhhhh!

Haz del teatro algo íntimo

Llévalo siempre en el bolsillo

Cubierta y diseño editorial: Éride, Diseño Gráfico
Dirección editorial: ángel jiménez

Primera edición: octubre, 2025

El abanico de lady Windermere.
© Ramón Paso
© De la traducción: Sandra Pedraz Decker
© VdB, 2025
Espronceda, 5
28003 Madrid

VdB®

ISBN: 979-13-87644-56-7
Depósito Legal: M-22995-2025
Diseño y preimpresión: Éride, Diseño Gráfico

Este libro protege el entorno

Ramón Paso

Dramaturgo, guionista y director de escena nacido en Madrid en 1976. Nieto de Alfonso Paso y bisnieto de Enrique Jardiel Poncela.

Cuenta con más de cincuenta montajes teatrales, tanto como dramaturgo, director de escena o en ambas funciones, entre los que podemos destacar títulos como *El reencuentro*, *El mensaje*, *Dos locas de remate*, *La importancia de llamarse Ernesto*, *Usted tiene ojos de mujer fatal... en la radio*, *Otelo a juicio*, *Blablacoche*, *Papá es Peter Pan y lo tengo que matar*, *La ramera de Babilonia*, *Drácula. Biografía NO autorizada*, *Lo que mamá nos ha dejado*, *El secreto*, *Huevos con amor*, *Jardiel enamorado* o el musical *Desencantadas*. Por otro lado, es responsable de las últimas versiones estrenadas de *Eloísa está debajo de un almendro* de Jardiel Poncela, *Otra vuelta de tuerca* de Henry James, *Sueño de una noche de verano* de William Shakespeare o *Tragedia española* de Thomas Kyd.

Tambien ha trabajado como guionista de televisión para algunas de las más importantes productoras audiovisuales del país.

Desde 2016 hasta 2018 trabajó en el Centro Dramático Nacional como asesor de dramaturgia, bajo las órdenes de Ernesto Caballero.

el abanico de lady Windermere

Versión libre sobre la obra original de Oscar Wilde.

Traducción de Sandra Pedraz Decker

RAMÓN PASO

el abanico de lady Windermere

Versión libre sobre la obra original
de Oscar Wilde.

Traducción de Sandra Pedraz Decker

La presente versión de *El abanico de lady Windermere* de Oscar Wilde se
estrenó en el Teatro Lara de Madrid el 28 de julio de 2022 interpretada,
en orden de intervención, por Ana Azorín (LADY BERWICK),
Ángela Peirat (OSCAR WILDE / MOLLY ERLYNNE),
Mila Villalba (ROSALIND PARKER), Inés Kerzan (LADY WINDERMERE),
Eduard Alejandre (AUGUST BERWICK), Mireia Zalve (AGATHA CARLISLE),
Jordi Millán (LORD DARLINGTON)
y Guillermo López-Acosta (LORD WINDERMERE).

Dirección: Ramón Paso.

16 de octubre de 2025: una carta prólogo

Queridísimo señor Wilde,

Siempre he utilizado esta fórmula, *queridísimo*, para iniciar relaciones afectuosas con gente que me caía bien y a la que me costaba acercarme. No es que funcionase ni mucho ni poco, pero siempre lo he utilizado. *Queridísimo*, algunas veces, sin que fuese necesariamente cierto. En esta ocasión, señor Wilde, es cierto. La admiración que siento por su obra es pareja a la que siento por usted como persona. Me parece uno de los seres humanos más deliciosos que Dios ha puesto en este mundo. Siento el final, sádico y mezquino, que la *in*Justicia inglesa le deparó. Lo que hicieron con usted, señor Wilde, fue un crimen abominable. A día de hoy ser homosexual ya no es delito, al menos en el mundo civilizado, y sí, cuento como país civilizado Inglaterra, aunque tengan moqueta en habitaciones absurdas y lo cocinen todo con mantequilla. En el mundo árabe, ser homosexual sigue considerándose un crimen. Lo siento mucho. Es una vergüenza. He leído con extremo dolor su *De profundis*. La primera vez con horror. ¿Por qué, a su salida de prisión, volvió a reunirse con Alfred Douglas? ¿Qué le llevó a los brazos de esa alimaña perniciosa, que ni se dignó a visitarle mientras cumplía usted esa injusta condena propiciada por el padre de Douglas y él mismo? La última vez, leí con dolor y comprensión. Se puede amar a alguien pernicioso para la salud. Hoy se diría *tóxico*. Alfred Douglas fue egoísta e infantil. Le encontró a usted y, aunque no le entendió, sí comprendió que usted brillaba, y ya sabe lo que les ocurre a las urracas con las cosas brillantes. No sé si las urracas tienen algo de malo, pero Alfred Douglas fue la maldición del mediocre que se cierne sobre el alma del genio.

¿Desde el Cielo se preocupa usted de lo que pasa en la Tierra? Su obra se sigue representando. ¿Le importa? ¿Le interesa? Creo que a mí me importaría. *La importancia de llamarse Ernesto* se representa habitualmente en el mundo entero. Aquí en España se tradujo literalmente, perdiendo el juego de palabras entre *Ernest* –nombre de pila– y *Earnest* –serio, sincero–, cuando habría sido mucho mejor traducirlo por *Honesto*, que aquí es nombre y cualidad. *El retrato de Dorian Gray* se reconoce como una de las mejores novelas de la historia de la Literatura. Recuerdo que en las transcripciones de sus juicios –las ha editado la editorial Valdemar; ya ve que todo lo suyo interesa– le preguntaron si le parecía moral o inmoral su novela, y usted respondió que una obra de arte podía ser buena o mala, nunca inmoral. Ahora el mismo país que le condenó a dos años de trabajos forzados por ser homosexual presume de usted. La estupidez del ser humano alimenta la ironía de la existencia. No sé qué significa eso que he escrito, pero bueno, ahí está. Un señor maravilloso, Rupert Everett, es responsable de una película muy tierna y cruda sobre sus últimos días. Se titula como uno de sus cuentos, para mi gusto el más sensible y hermoso de todos: *El príncipe feliz*. Aproveché que estaba solo en casa para verla, y acabé llorando como un niño. Si en el Cielo tienen *Prime Video* debería usted echarle un vistazo. Entiendo lo que tuvo que pasar, ¿sabe? En cierta manera lo entiendo. A usted, señor Wilde, le acusaron de algo, querer a otro hombre, que no debería ser delito –un *saludín* para la progresía española que apoya a países islámicos, donde se prohíbe ese amor y se obliga a las mujeres a cumplir la *Sharia*– y a mí me han acusado con falsedad de haber agredido sexualmente a cuatro mujeres –la prensa dijo que eran catorce, pero son cuatro las que me acusan de eso–. Ambos hemos sufrido el oprobio y la injusticia. ¿Sabe? Hay un parlamento en *El abanico de lady Windermere* –también se ha hecho una película, y ya que hablamos de ello, además hay una excelente versión de *La importancia...* y de *Un marido ideal*, ah, y una maravillosa película sobre su vida, *Wilde*– un parlamento muy hermoso que, cuando monté su obra en el Teatro Lara de Madrid, en 2022, no dejó de darme vueltas en la cabeza. Es aquel en el que miss Erlynne habla de lo horrible que resulta sentirse una paria, despreciada por la sociedad y apartada de las prebendas asociadas a ser un ser humano. Sabiendo lo que a usted le obligaron a soportar al final de su vida, me parece premonitorio. No sé si su temperamento, irónico, dulce y perspicaz, adivinó lo que acabaría por sucederle. Lo he pensado mucho y creo que en su amor por la vida ocultaba un alma trágica. ¿Tiene para usted esto que digo algún sentido? ¿Lo tiene? Siempre me he sentido tan cerca de usted... tan cerca... Una sensibilidad como la suya, enfrentada a un presidio, se quiebra. ¿Cómo no iba a quebrarse? ¿Cómo iba usted a volver a escribir, si le habían despiezado y vuelto a montar en vivo? ¿Cómo? Leyendo sobre su proceso, sobre su vida, leyendo su obra, poniéndola en escena –*La importancia de llamarse Ernesto*, como ya he dicho *El abanico de lady Windermere*, *Un marido ideal*... las próximas iban a ser *Salomé* y *El retrato de Dorian Gray*... Y espero que lo sean, que la Justicia sea justa y me lo permita, y que el mundo del teatro en Madrid recupere el sentido común, como ya ha pasado en Argentina, México, Puerto Rico y el resto de España, y pueda volver a llevarle a usted a las tablas– leyendo, en definitiva, sobre usted, señor Wilde, me he sentido, en cierta forma, identificado con su forma de pensar, por la transgresión social, por el hedonismo delicado, porque su comedia surge de un dolor, por la profundidad de sus obras, que, los frívolos y los simples, entienden como superficiales, y, por todo ello, le doy las gracias, señor Wilde. Algunos de los momentos más hermosos de mi vida los he pasado trabajando en sus obras. ¿Ese sentirme cerca de usted barruntaba mi propia e injusta ordalía legal? ¿Tiene para usted algún sentido esto que digo? ¿Lo tiene? Le echo de menos, señor Wilde. Usted debería estar aquí. Nadie tenía derecho a llevárselo. Nadie. Ni Dios. Nadie. Usted debería ser inmortal en cuerpo y obra, no solo en obra. ¿Sabe que la admiración por usted me viene de familia? Mi bisabuelo, Enrique Jardiel Poncela, ya adoraba su obra. Y he descubierto algún detalle en la comedia de Jardiel, inspirado en sus propias comedias. Ejemplo de esto que digo es el interrogatorio misterioso de *Eloísa está debajo de un almendro*, que habla con el interrogatorio al que se ve sometido Jack en *La importancia de llamarse Ernesto*. ¿Sabe? Ionesco, al visitar España y ser entrevistado sobre su opinión del país, respondió que no podía gustarle un país que había sido tan cruel con Jardiel. A mí me pasa lo mismo con Inglaterra. No puede gustarme un país que fue tan cruel con usted. Nos fue arrebatado muy pronto, señor Wilde. Demasiado pronto. ¡Qué obras no habría escrito usted de haber tenido tiempo y sosiego! ¡Qué evolución no habría sufrido su teatro!

Aprovecho la fecha de su cumpleaños para escribir esta carta de admiración desesperada.

Aprovecho esta fecha y la pronta edición de la versión libre que hice sobre *El abanico de lady Windermere*. La primera de sus obras que leí fue *Vera o los nihilistas*. Poco a poco las fui leyendo todas. Además de, claro está, *El retrato*... y los cuentos, y, por último, las conferencias. Cuando hice *La importancia de llamarse Ernesto* releí sus comedias en el orden que usted fue escribiéndolas: *El abanico*... en 1891, estrenada el 20 de febrero de 1892; *Una mujer sin importancia* en 1892, estrenada el 19 de abril de 1893; *Un marido ideal* entre 1893 y 1894, estrenada el 3 de enero de 1895; y *La importancia*... escrita en 1894 y estrenada en 1895, el 14 de febrero. Leyendo y releyendo, una y otra vez, entendí que había un patrón muy claro en el que la comicidad y el atrevimiento van en aumento. ¡Qué fantástica obra habría escrito, señor Wilde, después de *La importancia*...! ¡Hasta dónde le habría llevado su talento! ¡Qué crimen contra la Humanidad cometieron sus acusadores y sus jueces! Así que cuando decidí llevar al escenario nuevamente *El abanico*... empecé a releerla con nuevos ojos. Descubrí una comicidad desbordante, que termina en un cambio de género, escorándose hacia el drama en su tercer tercio.

¿Por qué? ¿Tomó usted esa decisión? ¿La tomó por usted la sociedad? ¿Ésa era la obra que usted quería escribir? ¿Cómo hubiese sido *El abanico de lady Windermere* si en lugar de ser la primera hubiese sido la cuarta de sus obras? ¿Cómo habría sido? ¿Cómo habría terminado?

Si usted –o cualquier otro– tiene interés en leer esta versión libre en la que me permití la licencia de variar algunas de sus decisiones originales, es buena idea que deje de leer inmediatamente, y se zambulla sin pensarlo en la obra, ya que, si no, será víctima del mayor de los destripes, pues paso a empezar a comentar esas decisiones de las que le hablaba.

Usted decidió que miss Erlynne fuese la madre de lady Windermere. Y yo he decidido, y perdone, señor Wilde, el atrevimiento, que sea su hermana mayor. Le explico el motivo. Ese excelente juego de envidias que usted crea, me resultaba más atrevido siendo ellas hermanas. Existe una competitividad más feroz entre dos mujeres en edad similar, ¡en la plenitud!, que entre una mujer que se lleva casi veinte años con la otra. El comportamiento de lord Windermere no deja lugar a dudas sobre su fidelidad, y solo apoyándome en un exultante encanto al alcance de aquellas mujeres que tienen el privilegio de recibir una educación francesa, podía entender los celos de lady Windermere. Ese sacrificio que acomete la madre, con su vida ya truncada y en declive, tiene mayor valor dramático, o eso opino yo, si lo realiza una mujer en la flor de la vida y con perspectivas de poder recuperar su hueco en aquella sociedad –¡qué similitud más elocuente tiene en mi idioma la palabra *sociedad* con *suciedad*!– que antes la había hecho caer desde la gloria. ¿Qué opina usted? ¿Cree que es una posibilidad que valía la pena explorar? Otra licencia que me tomé fue la eliminación de algunos personajes por motivos meramente pragmáticos. Una licencia más fue crear un juego cómico con la criada, Rosalind, el cual consistía en desmayarse en lugar de hacerlo su señora, lady Windermere, cuando ella encontraba razones para ello. Le diré que esto fue un hallazgo que se celebró con risas y carcajadas, y eso, a pesar de que la actriz a la que le encomendé el papel nunca fue capaz de realizarlo con la gracia y el encanto debidos. Otro caso similar fue el del personaje de Agatha y el de Darlington, a los cuales les escribí una hilarante escena, repleta de chistes, además de los escritos por usted para esos dos personajes, y jamás fueron capaces de exprimir ni un diez por ciento de la risa que contenía. Tengo que reconocer que la culpa, si se puede hablar de culpa en un escenario, fue más de él que de ella. El reparto de una comedia es como los hijos; decides tenerlos, pero no sabes cómo te saldrán hasta que es demasiado tarde. La última de las licencias y, probablemente, la que más explicación requiera, fue variar el final escorándolo hacia una historia que acaba bien, frente a su decisión de terminarla mal. Tal vez su final primigenio sea el más realista. No lo sé. Nuevamente me apoyé en lo que traslucía la evolución que sufrieron sus comedias. Los finales son cada vez más optimistas, y en esta aventura que me he impuesto a mí mismo de intentar acercarme a ese *El abanico...* que usted podría haber escrito en, por ejemplo, 1896, he intentado hacerlo como lo habría hecho usted. Del espíritu de la comedia nada he tocado. Lo he protegido y mantenido intacto como debe ser. ¿Qué opina, señor Wilde? ¿Tengo razón y usted hubiese ido más allá de no haber sido ésta su primera comedia? ¿Tuvo usted la gentileza de dejarse caer por el Teatro Lara mientras representábamos su obra? ¿Le gustó? ¿Le desagradó? ¿Tendrá la gentileza de leer usted esta versión cuando se comercialice? Imagino que en el Cielo no hay dinero, pero, por si lo hubiese, no compre bajo ningún concepto el libro, pídamelo y se lo haré llegar. No creo que el Cielo esté mucho más lejos que Australia y hasta allí se puede mandar cualquier cosa gracias al trabajo de las empresas de mensajería.

Querido señor Wilde, ¡mi queridísimo señor Wilde!, he disfrutado profundamente escribiendo esta carta. He sido muy feliz. Y he de decirle que me ha costado mucho más de lo esperado, porque con usted siento que no he de esconder nada, nada debe ser disimulado, ¡nada!, y solo la honestidad debía reinar en cada frase. No sé si lo he logrado. La belleza y la honestidad son el objetivo último en la vida de un verdadero artista.

Espero que esté usted feliz en el Cielo, espero que se encuentre rodeado de almas nobles

y espero que perdone usted esas juguetonas licencias que he tenido el descaro de permitirme.

Esperando su pronta respuesta, se despide su admirador incondicional y, espero, amigo,

Ramón Paso
16oct2025

Personajes
Por orden de intervención

Lady ANNETTE Berwick, una pícara, rabiosamente independiente.

Oscar WILDE, un genio.

ROSALIND Parker, criadita pizpireta y descarada.

MARGARET Windermere, una moralista, que acaba de cumplir veintinueve años.

AUGUST Berwick, hermano mayor de Annette, además de un vividor.

AGATHA Carlisle, una jovencita con ansias de aventuras, sobrina de Annette e hija de August.

Lord Mortimer DARLINGTON, un seductor de brillante conversación.

Lord ARTHUR Windermere, un hombre honesto, esposo de Margaret.

Miss MOLLY Erlynne, un escándalo de mujer.

Nota: la acción transcurre en Londres, en 1892, y tiene lugar a lo largo de veinticuatro horas, comenzando un martes, a las doce del mediodía, y terminando al día siguiente, a la una y media de la tarde. La escena representa saloncitos, gabinetes y lugares varios, todos a la moda.

Acto 1
Escena 1.1.
Espacio onírico... un teatro.

En escena, Oscar WILDE, *sentado y con bastón. Sale a escena* ANNETTE *Berwick, caminando por el patio de butacas, hasta sentarse en el desembarco.* WILDE, *cuando ella comienza a hablar, cruza el escenario, muy despacio.*

ANNETTE   Hola... Hola... Buenas noches. Encantada de conocerles. Yo soy la duquesa de Berwick, y soy un personaje creado por Oscar Wilde. Él no consideró necesario darme un nombre –ay, los genios siempre pensando en sí mismos, cuando lo que yo quiero es que piensen en mí– así que he elegido llamarme Annette. Annette Berwick. Tengo cara de Annette, ¿verdad? Me alegro de que estemos de acuerdo. Detesto las discusiones. Resultan vulgares y siempre acaban convenciéndome de lo contrario de lo que me conviene.

WILDE   Lo que nos conviene suele resultar decepcionante.

ANNETTE   El señor Wilde fue un escritor irlandés, al que condenaron a dos años de trabajos forzados, acusado de *grave indecencia*. La grave indecencia que llevó a Wilde a la cárcel fue enamorarse de otro hombre. Él dijo sobre sí mismo...

WILDE   (*Deteniéndose.*) ¿Les gustaría saber cuál es el gran drama de mi vida? Que he puesto mi genio en vivir, y en mis obras solo mi talento.

(*Continúa su camino.*)

ANNETTE   Nadie recuerda los nombres de las personas que le condenaron, pero hoy, nosotros, nos hemos reunido aquí, más de cien años después, en este teatro, para asistir a la representación de su comedia *El abanico de lady Windermere*. Así que creo que, al final, el que salió victorioso fue Wilde...

WILDE   Los elogios me vuelven humilde, pero cuando me insultan sé que he tocado el Cielo.

ANNETTE   Él dijo que *toda santa tiene un pasado y toda pecadora tiene un futuro*. Y de eso va esta comedia, de santas y pecadoras. No es un mal principio, ¿verdad? (*Mirando hacia* WILDE.) ¿Comenzamos, Oscar?

(WILDE *se detiene.*)

WILDE   Claro, Annette, comencemos.

ANNETTE   En Londres, en una de las casas más principales, reside lady Margaret Windermere. Se trata de una mujer feliz e inocente, que vive convencida de que la honestidad reside en el cuerpo y no en el alma. Hoy es su cumpleaños y su mundo azul se va a teñir de rojo. ¿Quién será santa y quién pecadora? ¡Bienvenidos al mundo azul de lady Windereme!

(*A una seña de* ANNETTE *se levanta el telón.*)

21

Escena 1.2.
Saloncito de recibir de Margaret Windermere.

Suena un timbre, mientras Margaret *coloca un ramo de hermosas flores azules en un jarrón. Sale a escena* Rosalind.

Rosalind   ¿Se siente feliz la señora?

Margaret   Decrépita, Rosalind. Me siento decrépita. ¡Veintinueve años! ¡Soy ya toda una anciana!

Rosalind   ¡Menos mal que solo es el cumpleaños de la señora una vez al año!

Margaret   Lo contrario sería imperdonable.

Rosalind   Absolutamente.

Margaret   ¿Quién iba a decir que después de los veintiocho vendrían los veintinueve? Los cumpleaños son tan caprichosos... Aunque te advierto que veintinueve debe de ser una edad muy atractiva. La sociedad londinense está llena de mujeres que han decidido quedarse en los veintinueve para siempre.

ROSALIND   ¿Tal vez se ha despertado la señora con el deseo de ver gente?

MARGARET   No, Rosalind. Me he despertado con el deseo de que la gente me vea a mí. ¿Quién llamaba a la puerta?

ROSALIND   Lord Darlington.

MARGARET   ¡Lord Darlington! A pesar de que sabe que estoy felizmente casada, me pretende con absoluto descaro. Es un hombre horrible. No me gusta nada. Hazle pasar inmediatamente.

ROSALIND   Sí, señora.

(ROSALIND *inicia el mutis.*)

MARGARET   Una mujer felizmente casada, como es mi caso, tiene que recibir a sus pretendientes inmorales antes del mediodía. Cualquier otra cosa sería de mal gusto. Espera, Rosalind. ¿Crees, tal vez, que hago mal en recibirle?

ROSALIND   (*Deteniéndose.*) Yo creo que la señora lo hace todo bien. Pero, al fin y al cabo, la señora es quien paga mi sueldo.

(*Mutis de* ROSALIND.)

MARGARET   Tengo que regañar a lord Darlington. Su actitud es de lo más desconsiderada. Siempre que le veo no cesa de halagarme. Deja en mal lugar a mi marido, que solo me halaga cuando no estoy presente.

Escena 1.3.
Gabinete de la duquesa de Berwick.

> *Sale a escena* August *seguido por* Annette *y la joven* Agatha.

ANNETTE   ¡Alto ahí, August! ¡Detente! ¡Detente, te digo! ¡Detente en nombre de la decencia y del decoro!

AUGUST   (*Parando.*) ¿En nombre de quién dices que me detenga?

ANNETTE   ¡De la decencia y del decoro!

AUGUST   (*Volviendo a huir.*) Ahora sí que no me detengo.

ANNETTE   ¡August, te exijo que no vuelvas a frecuentar la compañía de esa horrible miss Erlynne! ¡Tiene un pasado que ocultar! Les ocurre a todas las mujeres bonitas. Por eso las guapas, viven; y las feas, se casan. Tú has nacido para casarte, Agatha. Apúntalo.

AGATHA   Sí, tía querida. (*Apuntando, a regañadientes.*) Fea... Casarse...

ANNETTE   ¡Hazme caso, August! Hay algo sospechoso en el interés de esa mujer por ti. Los viudos ya no estáis de moda. Se sabe demasiado de vosotros. Sois un sector en desventaja.

AUGUST   Te aseguro, Annette, que miss Erlynne es una buena mujer.

ANNETTE   ¡Ja! Si fuese una buena mujer, tú no le harías caso. ¡Te prohíbo que la veas!

AUGUST   ¡Tú no estás en posición de prohibirme nada!

ANNETTE   Como tu hermana y única beneficiaria de la herencia de papá...

AGATHA   El abuelo.

ANNETTE   Muy bien, Agatha. (A AUGUST.) Puedo retirarte tu asignación. Sé razonable, August. Yo lo fui una vez y... no me gustó, es cierto, pero te aseguro que es una conducta recomendable para los hombres, que carecéis de sentido común.

AUGUST   Tengo tanto sentido común como tú.

ANNETTE   Ay, August, ¡qué cosas dices! Otra vez te has apretado en exceso el nudo de la corbata y el oxígeno no alcanza tu cerebro. Querido hermano, todo hombre, sea guapo o feo, tonto o listo, rico o pobre, carece de sentido común. El sentido común es un privilegio exclusivo de nuestro sexo. Apunta eso, Agatha. Te será de utilidad el día en el que te cases, no vaya a ser que, por un desliz, obedezcas a tu marido. Los maridos, querida mía, son como las bicicletas: cuando ves a una mujer subida en uno, te corroen la envidia y la curiosidad, pero cuando te subes tú... se te clava el sillín. ¿Lo has apuntado?

AGATHA   (*Apuntando.*) Sí, tía.

AUGUST   Lo siento, Annette, pero no puedo seguir escuchando tus divagaciones ciclísticas. ¡Miss Erlynne me espera!

ANNETTE   ¡August, por favor, ¿qué ejemplo crees que le estás dando a tu hija?!

AUGUST   Sin lugar a dudas el peor que puedo.

AGATHA   Y yo te lo agradezco sinceramente, papá querido.

AUGUST   ¿Verdad que sí, cielo?

AGATHA   De mayor espero ser exactamente igual que tú: una vaga y una descarada.

ANNETTE   Agatha, ¡te prohíbo que te parezcas a tu padre!

AGATHA   Sí, tía querida. (*A* AUGUST.) Desgraciadamente, papá, no puedo parecerme a ti. La tía me lo prohíbe.

ANNETTE   ¿No ves, August, cómo sufre tu pobre hija, al imaginarte en los brazos de esa terrible mujer?

AUGUST   ¿Tú sufres, Agatha, al imaginarme en los brazos de esa terrible mujer?

AGATHA   No mucho, papá querido.

ANNETTE   Sufres, Agatha. ¡Sufres constantemente!

AGATHA   Sí, tía querida. (*A* AUGUST.) ¡Sufro constantemente, papá!

(AUGUST *inicia el mutis.*)

ANNETTE   ¡Si cruzas esa puerta, te juro por el alma de nuestro difunto padre que no volveré a dirigirte la palabra y no volveré a posar mis ojos en ti...!

AUGUST   Te aseguro que me hablarás y me verás, porque soy el acompañante de miss Erlynne en la fiesta de cumpleaños de lady Windermere.

ANNETTE   Pero, ¿quién es el monstruo que ha invitado a esa mujer a la celebración de la pobre lady Windermere? ¿Quién la odia de una manera tan personal?

AUGUST   (*Terminando el mutis.*) ¡Su marido!

ANNETTE   ¡August! ¡Regresa! ¡Regresa, he dicho! Nada. Imposible. (*A* AGATHA.) Tu padre tiene una de esas naturalezas tan terriblemente débiles que

no se deja influir. ¡Qué descaro! ¡El marido
de lady Windermere! ¡Arthur Windermere!
¿Lo has oído, Agatha?

AGATHA   Lo he oído, tía querida.

ANNETTE   ¿Qué le habrá llevado a invitar a esa espantosa mujer a su casa? Lord Windermere ha sido
siempre tan decente que jamás había oído hablar de él... hasta que se casó con Margaret.
No es como tu padre. Ay, Agatha, tu padre fue
malísimo con tu pobre madre. ¡Mira que dejar que se muriese antes que él! No conviene
nunca que un marido dure demasiado, porque los maridos, Agatha, son como los som-
breros: si duran más de cinco años, se pasan
de moda. Apunta eso, Agatha.

AGATHA   Sí, tía querida. (*Apuntando.*) Maridos, som-
breros...

ANNETTE   ¡Pero no te entretengas, muchacha! ¡No podemos perder un segundo!

AGATHA   ¿A dónde vamos, tía querida?

ANNETTE   A poner al corriente a lady Windermere del
disgusto que planea darle su marido en el día
de su cumpleaños. ¡Las malas noticias han
de venir siempre de los amigos, y las alegrías,
de los desconocidos!

(*Mutis de las dos mujeres.*)

Escena 1.4.

Saloncito de recibir de Margaret Windermere.

Sale a escena Rosalind, *seguida de lord* Darlington.

Rosalind   Lord Darlington, señora.

Darlington   Gracias, Rosalind. Me encanta que me anuncien. Soy como un espectáculo de variedades. Ya lo ve. *(Besándole la mano.)* Maggie.

Margaret   Lord Darlington, no me deja usted otro remedio que regañarle.

Darling.   ¿Regañarme a mí? Sea tan amable, dígame qué he hecho mal.

Margaret   ¿Y dejará de hacerlo?

Darling.   Al contrario, lo haré más a menudo.

Margaret   Me molestó usted mucho ayer en el baile del ministerio. No dejó de dedicarme ingeniosos cumplidos durante toda la noche.

Rosalind   Hoy en día tenemos tantas deudas, que lo único que podemos permitirnos son los cumplidos.

MARGARET   Me gustan los cumplidos como a cualquier muchacha, pero no veo por qué un hombre debe pensar que está haciendo feliz a una mujer diciéndole un montón de cosas que, en realidad, no son ciertas.

DARLINGT.   Ah, pero es que, en mi caso, sí eran ciertas.

MARGARET   ¿Ve? Es usted un mentiroso.

DARLINGT.   ¿Yo?

MARGARET   Dijo usted que, si anoche no le concedía el último baile, moriría sin remedio, y ya ve que no murió, porque está aquí sentado conmigo. No me gusta que me mientan. Si un hombre amenaza con morir por amor, lo mínimo que se espera de él es que se muera. ¡Muérase, Darlington!

DARLINGT.   Me esforcé en morirme, se lo aseguro, Maggie, pero luego la adorable miss Fairfax me concedió el honor de salir conmigo a la terraza, y no me quedó otro remedio que posponer mi muerte.

MARGARET   Tengo la sensación de que usted se complace en parecer mucho peor de lo que es.

ROSALIND   Todos los hombres tienen sus pequeñas vanidades.

MARGARET   ¡Qué razón tienes, Rosalind! ¿Conoces mucho a los hombres?

ROSALIND   No, pero conozco a muchos hombres.

DARLINGT.   *(Por el abanico.)* ¡Qué abanico tan maravilloso! ¿Puedo verlo?

MARGARET   Tiene mi inicial grabada. Es el regalo de cumpleaños de mi marido. Pienso llevarlo en la fiesta de máscaras de esta noche. *(Girando.)* Por cierto, lord Darlington, no ha dicho nada a propósito de mi vestido.

ROSALIND   ¡Qué vergüenza, lord Darlington!

DARLINGT.   Es casi tan hermoso como usted, Maggie. Y aunque me gusta, le aseguro que me gustaría más verla sin él.

MARGARET   Oh, es usted terriblemente malo.

ROSALIND   ¡Terriblemente malo!

MARGARET   No debería seguir escuchándole.

ROSALIND   No debería, señora. ¡No debería!

MARGARET   Retírate, Rosalind. *(Mutis de* ROSALIND.*)* Recuerde usted que estoy casada.

DARLINGT.   Lo recuerdo. Tengo buena memoria para las cosas triviales.

MARGARET   Como debe ser.

DARLINGT.   ¿Y no podríamos ser amigos? ¡Seamos grandes amigos, lady Windermere! ¡Déjeme besarla! Será un ardiente beso de amigos.

MARGARET   ¡Qué idea tan extravagante tiene usted de la amistad! ¡Le prohíbo que me hable de besos! Me sonrojo, y el rubor no combina bien con mi vestido.

DARLINGT.   Un vestido jamás debería interponerse entre un hombre y una mujer. ¡Quíteselo inmediatamente!

MARGARET   ¡¿Se ha vuelto usted loco?!

(Le abofetea.)

DARLINGT.   El único placer superior al beso de una mujer, es una bofetada.

MARGARET   Supongo que piensa que soy una puritana. Pues es cierto. Fui educada así. Y estoy contenta por ello. Mi madre murió siendo yo apenas una niña, y mandaron a mi hermana a vivir con unos parientes en Francia. Desde entonces, no he vuelto a tener noticias de ella. Así que me quedé sola con lady Julia, la hermana mayor de mi padre. Fue estricta conmigo, y se lo agradezco: me enseñó la diferencia entre lo que está bien y lo que está mal. Ella no transigía con nada. Y yo no transijo con nadie.

DARLINGT.   ¡Mi querida Margaret!

(MARGARET, *coqueta, se reclina en el sofá.*)

MARGARET   Me mira como si fuera de otra época. Bueno, pues tal vez lo sea. Ahora está de moda que las mujeres decentes tengan varios amantes. Y yo no pienso tener ninguno.

DARLINGT.   ¿De verdad será usted tan mala?

MARGARET   Implacable. Yo creo en el amor por encima de todo. Para mí el amor es un sacramento. Y el ideal de este sacramento es la fidelidad. Y su purificación es el sacrificio de los instintos.

DARLINGT.   Tengo la sensación, querida Margaret, de que es demasiado temprano para ser sacrificado.

MARGARET   (*Inclinándose hacia delante.*) No diga usted eso.

DARLINGT.   Lo digo, lo siento y lo sé. (*Suena el timbre de la entrada.*) ¿Cree usted – es solo una suposición – que en el caso de un joven matrimonio, digamos casado desde hace ocho años, si el marido se hace amigo íntimo de una mujer de mala reputación, a la que paga sus cuentas, cree usted que la joven esposa no debería buscar consuelo?

MARGARET   ¿Buscar consuelo?

DARLINGT.   Sí, creo que debería. Creo que tiene derecho.

Escena 1.5.
Saloncito de recibir de Margaret Windermere.

Sale a escena ROSALIND.

ROSALIND   La duquesa de Berwick y su sobrina, lady Agatha Carlisle.

              (Sale a escena ANNETTE *Berwick, seguida de* AGATHA.*)*

ANNETTE   Querida Margaret, ¡me alegro tanto de verte! ¡Feliz cumpleaños! Te sientan de maravilla los veinticuatro, ¿o eran quince? Tengo una memoria horrible para las cosas importantes, solo soy capaz de retener las frivolidades.

MARGARET   Annette querida, sabes perfectamente que cumplo veintinueve años.

ANNETTE   Calla, Maggie. Nunca hay que fiarse de una mujer que confiesa su verdadera edad. Una mujer capaz de contarle eso a alguien, es incapaz de guardar ningún secreto. ¿Recuerdas a mi sobrina Agatha?

MARGARET   Por supuesto. Agatha, cada día estás más encantadora.

AGATHA   ¿Verdad que sí? Me esfuerzo en mejorar. Hoy, por ejemplo, he olvidado la lección de geografía y la de latín. Si sigo así, en unos pocos meses habré olvidado todo lo que aprendí en el internado.

ANNETTE   Es una muchacha adorable. Lo único malo que tiene es su padre. Oh, lord Darlington, ¿cómo está usted? No quiero que se acerque a mi sobrina. Es usted tan malo...

DARLINGT.   No diga eso, duquesa. Como hombre malo soy un completo desastre. Hay mucha gente que dice que no he hecho nada malo en la vida. Aunque solo se atreven a decirlo a mis espaldas.

ANNETTE   Agatha, este es lord Darlington. No creas una palabra de lo que dice. Es capaz de flirtear con cualquiera, mientras haya espectadores.

ROSALIND   En cambio, para mí el amor es un crimen que no ha de dejar testigos.

DARLINGT.   (*Besando la mano de* AGATHA *con intención.*) Lady Agatha.

ANNETTE   Ay, es una muchacha tan inocente. Agatha querida, te prohíbo que intimes con lord Darlington. Ha perdido toda su fortuna y, encima, es joven. ¡Adoro a los millonarios de setenta! Siempre te ofrecen su devoción de por vida. Apúntalo.

AGATHA   Sí, tía querida. (*Apuntando.*) Devoción de por
            vida.

ROSALIND   ¿Desea la duquesa algún refrigerio?

ANNETTE   No, no quiero nada, gracias, Rosalind. Acaba-
            mos de tomar un tentempié en casa de lady
            Markby. Todo lo que nos ha dado estaba malí-
            simo. (MARGARET *despide a* ROSALIND *con un
            gesto.*) Esa mujer come cosas extraordinaria-
            mente horrorosas. Tiene el estómago de una
            cabra, y, a veces, también sus modales. Por otro
            lado, os diré que no me sorprendió en absolu-
            to. Su propio yerno le suministra lo que sirve.
            Y, claro está, la odia de una manera muy parti-
            cular. Agatha está tan ilusionada con tu baile de
            esta noche, querida Margaret. No ha parado de
            hablar de ello en toda la semana. Ha sido tan
            fastidioso. Menos mal que apenas la escucho.

MARGARET   Oh, Agatha, no debes pensar que será un bai-
            le de gala. Se trata solo de una pequeña mas-
            carada. Discreta, inspirada en aires franceses.
            Apenas cien invitados. Me desagradan las mul-
            titudes. Prefiero la intimidad. Invitando a cien
            personas, estoy segura de conocer al menos
            a tres.

DARLINGT.   Será, sin lugar a dudas, duquesa, una masca-
            rada muy decorosa.

ANNETTE   La verdad es que esta es una de las pocas ca-
            sas de Londres a las que me atrevo a llevar a

Agatha. Aquí todas somos decentes. Hablamos solo de cosas decorosas, aunque a veces nos aburramos, claro está.

AGATHA Sí, tía querida.

ANNETTE Una muchacha que no guarda su virtud, cuando llega el momento de la verdad, no tiene nada que perder.

MARGARET Puedes estar tranquila, Annette. En mi simpática mascarada de esta noche no habrá nadie involucrado en ningún escándalo.

DARLINGT. ¿Entiendo, entonces, que yo no estoy invitado?

ANNETTE Usted es nuestra encantadora excepción, Darlington. Es cierto que está desaconsejado en las casas decentes, y aun así, todas le recibimos.

MARGARET ¡Es tan divertido intentar volverle bueno!

DARLINGT. Me encanta cuando las mujeres intentan volverme bueno.

ANNETTE Claro, porque intentando volverle bueno a usted, es cuando nos volvemos malas nosotras. ¡Agatha, aléjate inmediatamente de este muchacho! Podrías divertirte demasiado.

MARGARET   Yo creo, Annette, que nuestro amigo, más que un depravado, es un frívolo. Si no, ¿por qué habla de una forma tan trivial sobre la vida?

DARLINGT.   Creo que la vida es algo demasiado importante como para hablar en serio sobre ella. *(Besando la mano de* AGATHA.*)* Lady Agatha, le aseguro que ha sido un placer conocerla. *(Besando en las mejillas a* ANNETTE.*)* Duquesa. *(Cogiendo la mano de* MARGARET.*)* Y ahora, Margaret, adiós. Puedo venir esta noche, ¿verdad? Déjeme venir.

MARGARET   Sí, por supuesto. Pero si promete no pasar toda la noche lanzándome inapropiados cumplidos.

DARLINGT.   Está empezando a reformarme. Es una cosa peligrosa, reformar a cualquiera, lady Windermere.

(Le besa la mano y hace mutis.)

Escena 1.6.

Saloncito de recibir de Margaret Windermere.

ANNETTE ¡Qué encantador y retorcido es este muchacho! Me gusta casi tanto como me alegra que
se haya ido. Me urge hablar contigo a solas,
Margaret, pero, ¡qué aspecto tan adorable tienes! ¿De dónde te haces traer tus vestidos?
Da igual. ¡Tengo que decirte cuánto lo siento
por ti!

MARGARET ¿Por mí? ¿Qué ocurre, Annette? Me estás asus-
tando, y no es de buena educación asustar a
nadie en el día de su cumpleaños.

ANNETTE Espera. No quiero que Agatha nos oiga. ¡Agatha, querida!

AGATHA ¿Sí, tía?

ANNETTE Me gustaría hablar a solas con lady Windermere. ¿Serías tan amable de entretenerte mirando por la ventana?

AGATHA Sí, tía. ¡No se me ocurre nada más divertido
que mirar por la ventana!

(AGATHA *hace mutis.*)

ANNETTE   Es una niña tan inocente y tan simple. Se pasa las horas mirando por la ventana. Es igualita, igualita que el gato de la cocinera.

MARGARET   ¡No me hagas esperar! Cuéntame. ¿Por qué has de sentirlo por mí?

ANNETTE   Oh, debido a esa horrible mujer. ¿Por qué iba a ser si no? Demonios, es tan hermosa y tan generosa con sus amigos, y cualquiera puede ser su amigo... Y para colmo, se viste tan bien, ¡demasiado bien!, lo cual es mucho peor. La maldad solo se perdona si va acompañada de mal gusto. August la frecuenta. August es una vergüenza para la evolución. Ya conoces al degenerado de mi hermano, ¡un castigo para todas nosotras! Bueno, pues August está locamente enamorado de ella. Es un verdadero escándalo. La manera de comportarse de esa mujer resulta inaceptable en el mundo civilizado. ¡Se ríe por cualquier cosa! ¡Habrase visto descaro semejante! Muchas mujeres tienen un pasado, no lo dudo, pero esta mujer, más que pasado, tiene un libro de Historia colgado del cuello.

MARGARET   Pero, ¿de quién estás hablando, Annette querida? ¿De quién?

ANNETTE   ¿De quién va a ser? De esa detestable miss Erlynne.

(*Silencio.*)

MARGARET   Nunca he oído hablar de ella. ¿Qué tiene que
           ver conmigo?

ANNETTE   ¡Mi pobre niña! Espera, quiero asegurarme de
           que mi sobrina no nos escucha. *(Subiendo el
           tono.)* ¡Agatha, querida!

           (AGATHA sale a escena.)

AGATHA   ¿Sí, tía?

ANNETTE   ¿Estás observando a los gorriones cantar?

AGATHA   Sí, tía. Y lo disfruto muchísimo.

           (AGATHA hace mutis.)

ANNETTE   ¡Qué niña tan adorable! ¡Es tan fiel a los go-
           rriones!

MARGARET   ¡Annette, ¿qué está pasando?! Sé sincera con-
           migo. Yo siempre te he considerado poco me-
           nos que una hermana.

ANNETTE   Y yo siempre te he considerado, como míni-
           mo, mi más querida prima.

MARGARET   ¿Por qué me hablas de esa mujer?

ANNETTE   ¿Es posible que no lo sepas? Te aseguro que
           estamos todas consternadas. Anoche todo el
           mundo hablaba de lo extraordinario que era
           que, de entre todos los hombres de Londres,

precisamente Arthur Windermere se comportase de una forma tan desconsiderada.

Margaret ¿Mi marido?

Annette La visita continuamente, y se queda durante horas en su gabinete, ¡a solas, Margaret!, ¡a solas! Y mientras Arthur está allí, ella no recibe a nadie más. Lo cierto es que miss Erlynne no cuenta con demasiadas amigas, pero lo compensa con un gran número de amigos de mala reputación. El peor de todos, mi propio hermano, como ya te he contado. Mis queridas tías, unas señoras muy caseras, feas, horrorosamente feas, pero tan buenas... claro, siendo tan feas, no les queda otro remedio que ser buenas... En fin, ellas están siempre en el balcón remendando esas horrendas ropas malva, tan estrafalarias, que luego llevan en público. Margaret, escúchame, porque hablo muy en serio: jamás confíes en una mujer que vista de malva. Continúo. Pues resulta que esta terrible mujer ha tomado una casa en la calle Curzon, frente a la de ellas. ¡Una calle tan respetable, pero claro, entre miss Erlynne y los adefesios de mis tías, la están echando a perder! Cada vez que mis tías se asoman a la ventana, baja el valor de la propiedad. ¡No sé a dónde vamos a llegar! Bueno, pues ellas me cuentan que Windermere va a visitarla cuatro y cinco veces por semana. Y aunque no les gusta chismorrear, ya se lo han contado a todo Londres.

MARGARET   ¡No puedo creerlo!

ANNETTE   Y lo peor es que a esa mujer *alguien* le ha re-
             galado grandes sumas de dinero, por lo que
             parece. Llegó a Londres hace seis meses sin
             nada en absoluto, y ahora tiene esa casa en-
             cantadora en Mayfair y conduce su adorable
             cochecito rojo por el parque cada tarde. Y todo
             desde que ha conocido al pobre Arthur. Creo
             que la relación está muy clara.

MARGARET   ¡Debe de tratarse de un error!

ANNETTE   Todo Londres lo sabe. Por eso he creído que
             era mejor venir a hablar contigo, y aconsejar-
             te que te lleves a tu marido a Hamburgo, don-
             de con toda seguridad, se aburrirá tanto que
             no tendrá otro remedio que hacerte caso a ti.
             Así podrás observarle todo el día. Es posible
             que el trato continuado acabe con vuestro ma-
             trimonio, pero mejor que sea por tu voluntad
             que por la de esa abominable miss Erlynne.

MARGARET   ¡Pero es imposible! Apenas llevamos ocho
             años casados. ¡Nuestro hijo tiene solo dos!
             ¿Puede ser verdad que el amor dure tan poco?

ANNETTE   ¡Ah, el precioso bebé! ¿Cómo está la criatu-
             ra? ¿Es niño o niña? A esa edad no hay quien
             los distinga. Espero que sea niña. Ay, no, re-
             cuerdo que era niño. Lo lamento tanto. Los
             niños son malísimos. Mira a mi hermano.

MARGARET   Annette, ¿de verdad son malos todos los hombres?

ANNETTE   Todos, querida, todos, sin excepción. Y nunca mejoran. Los hombres envejecen, pero no mejoran jamás.

MARGARET   ¡Ay, Annette! Me veo tan perdida. Yo no estoy hecha para estos tiempos inmorales. ¡No sé cómo se espera que reaccione!

ANNETTE   Mi querida Margaret, ¿no irás a llorar? ¡Te prohíbo que llores por un hombre!

MARGARET   No te inquietes, Annette, yo jamás lloro.

ANNETTE   Eso está muy bien, querida. El llanto es el refugio de las mujeres feas, pero la ruina de las guapas. (*Subiendo el tono.*) ¡Agatha, querida!

(*Sale a escena* AGATHA.)

AGATHA   ¿Sí, tía?

ANNETTE   ¿Te han gustado los gorriones?

AGATHA   Oh, tía, los gorriones nunca decepcionan.

ANNETTE   Pobrecita mía. Nos veremos esta noche, Margaret. (*Confidencial.*) Ah, y lo último, ¡lo más importante! Te aviso, tu marido ha invitado a esa espantosa mujer a tu encantadora mascarada.

MARGARET   ¡Pero eso es imposible! ¿Qué estás diciendo, Annette?

ANNETTE   Lo imposible, sin duda, es siempre más creíble que lo posible. Agatha, vámonos. Si no es molestia, pasaremos por el tocador. Agatha adora mirarse en espejos ajenos. Tal es su capricho. ¡Qué le vamos a hacer!

           (*Mutis de* ANNETTE y AGATHA.)

Escena 1.7.
Saloncito de recibir de Margaret Windermere.

MARGARET   Ahora entiendo lo que lord Darlington quería insinuar con esa pareja imaginaria que llevaba ocho años casada. ¡Oh! No puede ser verdad. Ella hablaba de enormes sumas de dinero pagadas a esta mujer. *(Subiendo la voz.)* ¡La cartilla bancaria de Arthur!

(Sale ROSALIND *a escena llevando la cartilla.)*

ROSALIND   *(Entregándosela.)* ¡Aquí está la cartilla de lord Windermere!

(Mutis de ROSALIND.*)*

MARGARET   Miss Erlynne, seiscientas libras; setecientas libras; ¡ochocientas libras!; cuatrocientas libras; trescientas libras; cien libras... Al menos, las cantidades indican que su interés cotiza a la baja...

Escena 1.8.
Saloncito de recibir de Margaret Windermere.

Sale a escena ARTHUR *Windermere, acompañado por* ROSALIND.

ARTHUR   (*Acercándose a ella.*) Y bien, cariño, ¿ha llegado ya el abanico? ¿Resulta de tu agrado?

MARGARET   (*Escapándose y mostrando la cartilla.*) Arthur, exijo una explicación.

ARTHUR   ¡Has abierto mi cartilla!

MARGARET   Crees que está mal que te haya descubierto, ¿verdad?

ARTHUR   Creo que está mal que una mujer espíe a su marido.

ROSALIND   Está claro que el señor no sabe nada de las mujeres modernas.

MARGARET   ¡Un marido no debería tener secretos con su mujer!

ROSALIND   Le diré, señora, que un matrimonio sin secretos es un divorcio seguro.

MARGARET   Arthur, lo sé todo de tus visitas a la calle Cur-
             zon y de las monstruosas sumas que has en-
             tregado a esa infame mujer.

ARTHUR   ¡No hables así de miss Erlynne! No sabes lo
             injusta que estás siendo.

MARGARET   ¡Qué celoso eres del honor de esa miss Erlyn-
             ne y qué poco del honor de tu pobre y abne-
             gada esposa!

ARTHUR   Tú no eres pobre.

MARGARET   ¡Pero soy abnegada!

ARTHUR   Margaret, tu honor está impoluto. No pensa-
             rás que yo...

MARGARET   Pienso que es horrible que tú, que me has ama-
             do; tú, que me has enseñado a amarte, pases
             del amor que se da al amor que se compra.

ARTHUR   Estás siendo terriblemente injusta, Margaret.

MARGARET   A una mujer tan ultrajada como yo, solo le
             resta desmayarse, pero no puedo, porque, por
             nada de este mundo, pienso estropear mi ves-
             tido.

ARTHUR   Miss Erlynne solo desea que la ayude a volver
             a la vida en sociedad. Y si fueses tan bonda-
             dosa como presumes, tú deberías ayudarme.

MARGARET   ¡Lo que me faltaba! Rosalind, desmáyate tú en mi lugar.

ROSALIND   ¿Yo, señora?

MARGARET   ¡Te lo ordeno, Rosalind!

ROSALIND   Todo para satisfacer a la señora.

(ROSALIND *se desmaya.*)

MARGARET   Espero que estés satisfecho. ¡Mira lo que has conseguido!

ARTHUR   Margaret, ya que tú misma has descubierto el asunto de la cartilla, prefiero ser sincero en todo lo demás. ¡He invitado a miss Erlynne a tu mascarada de esta noche!

MARGARET   ¡¿Qué?!

ROSALIND   ¡¿Cómo?!

ARTHUR   ¡Te suplico que no te opongas!

MARGARET   ¡Has enloquecido! Ésa es la única explicación.

ARTHUR   ¡Te lo ruego! Es lo que ella necesita, que se vea que es recibida con cordialidad en una casa decente. ¡Ayúdame a restaurar su buen nombre y así, al final, seremos felices los tres!

MARGARET   ¿Los tres? Eres un enfermo sexual.

ARTHUR   ¿No vas a ayudar a una mujer que está intentando redimirse?

MARGARET   Pensaba que eras el marido ideal, Arthur, y ahora veo que solo eres un depravado más. Si Rosalind no estuviese ya en el suelo, te aseguro que se volvería a desmayar.

ROSALIND   ¡Me volvería a desmayar!

ARTHUR   ¡Qué duras sois las mujeres buenas!

MARGARET   ¡Qué débiles sois los hombres malos!

ARTHUR   Rosalind.

ROSALIND   (*Levantándose.*) ¿Tal vez desea el señor que me desmaye de nuevo?

ARTHUR   Avísame cuando llegue miss Erlynne esta noche. La recibiré yo mismo.

MARGARET   ¡No te atreverás!

ARTHUR   ¡Rosalind, ya sabes cuáles son mis órdenes!

MARGARET   ¡Y ya sabes lo que te ocurrirá si las cumples! (ROSALIND, *tras un momento de duda, se desmaya.*) Si esa mujer cruza el umbral de esta casa, Arthur, yo no dudaré en cruzarle la cara con el abanico que tú mismo me has regalado, y que, por cierto, es delicioso. (*Haciendo mutis.*) Atente a las consecuencias.

Escena 1.9.
Saloncito de recibir de Margaret Windermere.

ARTHUR   ¡Margaret! ¿Qué voy a hacer? ¡No me atrevo
          a explicarle la verdad sobre miss Erlynne! ¡No
          así, no aún! *(Garabatea una nota.)* Rosalind,
          cuando termines de jugar a los desmayos, lle-
          va esta nota a casa de miss Erlynne.

          (Mutis de ARTHUR.*)*

Escena 1.10.

Saloncito de recibir de Margaret Windermere.

Salen a escena ANNETTE *y* AGATHA.

ANNETTE   ¡Rosalind, Rosalind! ¡En esta casa se fragua un escándalo! Agatha y yo lo hemos escuchado todo. La niña es una cotilla insufrible. ¡Qué le vamos a hacer! Y yo no iba a dejar sola a mi pobre sobrina. Ella no está hecha para la sociedad. Está hecha para el campo. Rosalind, sé tan amable de dejarme leer esa nota ahora mismo. ¡Lo exijo!

ROSALIND   Eso es imposible, señora. Mis lealtades no me lo permiten.

           *(*ANNETTE *le da media libra a* ROSALIND, *que le entrega la nota y hace mutis.)*

ANNETTE   Tus lealtades siempre han sido de lo más asequibles. *(A* AGATHA.*)* Comprar a los criados de una casa es algo mucho más práctico que comprar la gaceta local. Rosalind está mejor informada y, además, te ahorra el fastidio de leer. Apúntalo.

(*Inician el mutis.*)

AGATHA   (*Apuntando.*) Fastidio de leer.

Acto 2
Escena 2.1.
Salón de baile de Margaret Windermere.

ROSALIND *en escena.*

ROSALIND   ¡La adorable mascarada de lady Windermere!

(*Sale a escena* MARGARET *seguida de* ARTHUR.)

MARGARET   ¡Arthur, te prohíbo que me sigas como si fueses un perro faldero! Vas demasiado bien vestido para ser un animal de compañía.

ARTHUR   Te ruego que me permitas hablarte un instante.

MARGARET   Eres tan libre de hablarme como yo de no escucharte.

ROSALIND   (*Anunciando.*) ¡Lord Darlington!

(*Sale a escena* DARLINGTON.)

DARLINGT.   ¡Querida Maggie, adoro las indicaciones que nos ha hecho llegar respecto a la forma de vestir para su mascarada! El aire de rufián me favorece. Me siento audaz, me siento peligroso,

¡cualquiera podría confundirme con un español! (*Reparando en* ARTHUR.) Windermere.

ARTHUR (*A* DARLINGTON.) Darlington. (*A* MARGARET.) Te ruego que me escuches.

MARGARET Espera un segundo, Arthur. ¿Sería tan amable de sostenerme el abanico, lord Darlington?

ARTHUR Ni se le ocurra sostenerle el abanico a mi esposa.

DARLINGT. Es que me lo ha pedido.

ARTHUR ¡Es mi esposa!

DARLINGT. ¡Y es su abanico!

MARGARET Creo, lord Darlington, que nunca me he visto tan necesitada de un amigo como hoy.

DARLINGT. Yo seré su amigo. ¡Traiga aquí inmediatamente ese abanico!

ARTHUR Le prohíbo que le sostenga el abanico a mi esposa y le prohíbo aún más que sea su amigo.

MARGARET Entiendo, Arthur, que si tú solo tienes ojos para esa detestable miss Erlynne, no te importará dónde pose yo los míos.

DARLINGT. ¡Póselos en mí, Maggie! ¡Póselos sin dudar!

ARTHUR   ¡Darlington!

DARLINGT.   ¡Windermere!

MARGARET   ¡Arthur!

ARTHUR   ¡Margaret!

DARLINGT.   ¡Me están poniendo los dos en una situación muy complicada!

ARTHUR   Espero sinceramente, Margaret, que no sigas en la idea de ofender a la pobre miss Erlynne cuando llegue esta noche.

MARGARET   ¡Ah, no solo pienso ofenderla, sino que, como ya te avancé, le acariciaré la cara con el delicioso abanico que me has regalado, y, además, te diré que es posible que la arañe sin piedad y le rompa esos adorables conjuntos franceses que son la envidia de todo Londres!

ARTHUR   ¡Margaret!

MARGARET   ¡Arthur!

DARLINGT.   ¡Windermere!

ARTHUR   ¡Cállese de una vez, Darlington!

MARGARET   ¡Esa mujer no va a enfangar el buen nombre de mi casa esta noche!

ARTHUR	Si desprecias a miss Erlynne, hundirás nuestro buen nombre en la vergüenza para siempre. ¡Recuérdalo! Margaret, te lo ruego, ¡confía en mí! ¡Una mujer debería confiar en su marido!
MARGARET	Londres está lleno de mujeres que confían en sus maridos. Se las reconoce fácilmente: son infelices. ¡Darlington, acompáñeme a la terraza! Nunca pensé que necesitaría un amigo tan pronto.

(*Mutis de* MARGARET *y* DARLINGTON. ARTHUR *se acerca a* ROSALIND.)

ARTHUR	¡Rosalind!
ROSALIND	¿Qué desea el señor?
ARTHUR	¿Entregaste la nota que te di para miss Erlynne?
ROSALIND	Desgraciadamente, no.
ARTHUR	¿Pero qué estás diciendo?
ROSALIND	La perdí. Soy una criadita boba y despistada. ¡Es una lástima!
ARTHUR	(*Iniciando el mutis.*) Algo encontrarías en su lugar.
ROSALIND	(*Riendo.*) Media libra, encontré.

Escena 2.2.
Salón de baile de Margaret Windermere.

Sale a escena la duquesa de Berwick, seguida de
AGATHA. ARTHUR *se detiene.*

ROSALIND   *(Anunciando.)* La duquesa de Berwick y miss
Agatha Carlisle.

ANNETTE   ¡Lord Windermere, qué placer más inesperado!

ARTHUR   Le recuerdo, duquesa, que este es mi hogar.
¿Dónde iba a estar yo si no en mi casa?

ANNETTE   En la residencia de miss Erlynne, por ejemplo.
El matrimonio convierte en algo exótico las casas de las muchachas, llamémoslas, ligeras.

AGATHA   ¿Delgadas?

ANNETTE   Furcias.

ARTHUR   ¿Por casualidad, no sabrá usted nada de la nota
que hoy al mediodía he entregado a Rosalind y
que ella convenientemente ha perdido?

ANNETTE   No ha de preocuparse, Arthur, la nota perdida ha ido a parar a mis manos, naturalmente.

ARTHUR   Naturalmente.

ROSALIND   Naturalmente.

ANNETTE   La encontré.

ARTHUR   La encontró.

ROSALIND   La encontró.

ANNETTE   Afortunada que es una.

ARTHUR   ¿Y la leyó?

ANNETTE   Pero, ¿por quién me ha tomado? Hace usted
           muy mal en dudar así de mí. ¡Qué descaro!
           Por supuesto que la leí. ¡Faltaría más! Le diré
           que se equivoca al advertir a miss Erlynne so-
           bre Margaret. Al final, lady Windermere no es
           más que una gatita enojada. Saca las uñas, pero
           cuando araña, los únicos que tienen algo que
           temer son los muebles.

           (ARTHUR *hace mutis.*)

Escena 2.3.
Salón de baile de Margaret Windermere.

ANNETTE   ¡Cómo se preocupa lord Windermere por las
           trivialidades! *(Mirando alrededor.)* Me resulta
           extraño no ver al canalla de tu padre aún por
           aquí. Es como un antiguo amante desdeñado:
           me lo encuentro por todas partes. Y el extra-
           vagante señor Hopper también se retrasa. He
           de confesarte que no tengo ni la más remota
           idea de cuál será el aspecto de este señor Hop-
           per. ¡Al ser australiano me espero cualquier
           cosa de él!

AGATHA   ¿Es apuesto el señor Hopper?

ANNETTE   Es australiano. Con eso tienes más que sufi-
           ciente. Tu misión en esta mascarada es sedu-
           cirle y conseguir que manifieste propósitos
           firmes de matrimonio esta misma noche.

AGATHA   ¿No es un poco precipitado, tía querida?

ANNETTE   A los buenos partidos hay que cazarlos a lazo,
           Agatha querida. ¿En serio crees que un hom-
           bre rico y con negocios en el otro extremo del
           mundo, que le obligan a constantes e inter-
           minables viajes, va a estar mucho tiempo sol-
           tero? A un marido, cuanto menos se le vea,

mejor. Ese Hopper es una ganga. A ver, permíteme tu carné de baile.

AGATHA (*Mostrándoselo.*) Sí, tía querida.

ANNETTE (*Leyendo con unos anteojos.*) ¡¿Pero tú eres boba, Agatha querida?!

AGATHA ¡Tía adorada, no sé qué debo contestar!

ANNETTE (*Tachando en su carné de baile.*) Pero, ¿cómo se te ocurre reservar los cinco primeros bailes para cinco segundones?

AGATHA Oh, tía querida, pero a mí los segundones me resultan encantadores y atractivos.

ANNETTE Ya me dirás tú qué tiene que ver el matrimonio con jóvenes encantadores y atractivos. (*Apuntando con vehemencia, después de tachar los nombres anteriores.*) Primero vas a bailar con Hopper, y después con Hopper, y tras eso, Hopper de nuevo, y por último, Hopper. Y el vals, naturalmente, habrás de dedicárselo a Hopper. El vals es un baile tan necesario...

AGATHA ¿Y eso por qué, tía querida?

ANNETTE Porque marea. Y cuando los hombres se marean es cuando están más dispuestos a casarse.

AGATHA Estoy inquieta. ¿Cómo reconoceré al señor Hopper?

ANNETTE   ¿Pero cómo diablos voy a saber yo qué aspecto tiene un australiano? Olerá a eucalipto, supongo.

AGATHA   Es que ni un mal retrato he encontrado de él.

ANNETTE   Mira, Agatha, en este asunto no sé qué aconsejarte. Llegado el caso imagino que le reconocerás porque, siendo australiano, saltará como un canguro.

AGATHA   ¿Estás tú segura de eso, tía querida?

ANNETTE   Completamente. Me lo dice mi instinto y no hay nada más infalible que el instinto de una mujer. Apúntalo, Agatha. Te será de utilidad.

AGATHA   *(Apuntando.)* Saltar... canguro...

Escena 2.4.
Salón de baile de Margaret Windermere.

Sale a escena AUGUST *Berwick.*

ROSALIND   Lord August Berwick.

ANNETTE   Huy, qué espanto, ¡tu padre! Y viene sin esa misteriosa miss Erlynne. Seguramente le habrá dado calabazas.

AGATHA   Si yo fuese esa misteriosa miss Erlynne, sin lugar a dudas le habría dado calabazas a mi papá querido.

            (Hacen mutis, justo cuando sale a escena DARLINGTON *perseguido por* ARTHUR.*)*

ARTHUR   ¡Le exijo, Darlington, que me explique qué siniestro juego se trae usted con mi esposa!

DARLINGT.   Yo no me traigo ningún siniestro juego con su esposa. Solo le sujeto el abanico.

ARTHUR   Me indigna que le sujete el abanico a mi esposa.

DARLINGT.   Pues vaya acostumbrándose. A mí me encanta sujetar abanicos.

AUGUST   (*Acercándose.*) ¡Necesito hablar contigo, Windermere! Querido amigo, soy una sombra de lo que fui. El amor ha hecho de mí un estúpido. ¡Yo, que jamás he sido romántico! (*Se ríe.*) Y ahora soy un tonto enamorado. Ya sé que no lo parece. Ninguno de nosotros parecemos lo que realmente somos.

ROSALIND   Y esa es su suerte, señor. Si los hombres pareciesen lo que realmente son, las mujeres no les querríamos.

AUGUST   ¡Muy bien dicho, Rosalind! (*A* ARTHUR.) ¿Quién es ella? ¿De dónde viene?

ARTHUR   Estás hablando de miss Erlynne, supongo. La conocí hace seis meses.

DARLINGT.   Y desde entonces ha podido conocerla bastante.

ARTHUR   (*Frío.*) Sí, la he conocido bastante, pero no le he sujetado el abanico.

DARLINGT.   ¡Que sepamos!

AUGUST   No sé qué hacer con respecto a miss Erlynne. Me trata con tanta indiferencia, que parece que ya estemos casados. ¡Es tan hermosa y más lista que una ardilla! Lo explica todo.

¡Con decirte que te explica a ti! Sí, sobre ti tiene un montón de explicaciones... y todas distintas.

ARTHUR   Las explicaciones sobre mi amistad con miss Erlynne no son necesarias.

AUGUST   Yo creo que sí.

DARLINGT.   ¡Y yo me uno!

ARTHUR   ¡Usted se calla!

AUGUST   Me aseguró que yo iba a ser su acompañante, pero ni rastro de ella. Hoy en día se puede sobrevivir a todo excepto a la muerte. Y convivir con todo, excepto con el rechazo. Y yo, ingenuo de mí, que le regalé una adorable pulserita para celebrar el honor de ser su acompañante.

ROSALIND   Pues, sin lugar a dudas, miss Erlynne, viendo la pulserita, también lo celebrará.

Escena 2.5.
Salón de baile de Margaret Windermere.

Sale a escena miss MOLLY *Erlynne.*

ROSALIND   ¡Miss Molly Erly...!

            (MOLLY *la interrumpe susurrándole algo al oído,
            mientras* MARGARET, ANNETTE *y* AGATHA *salen
            a escena a toda velocidad.*)

ROSALIND   ¡Recién llegada de París, para adornar las ca-
            lles de Londres, la fabulosa, la seductora, la
            tentadora miss Molly Erlynne!

            (MARGARET *aprieta con fuerza su abanico.*)

MOLLY   ¿Cómo está, lord Windermere? ¡Qué encan-
            tadora es su mujer!

MARGARET   Imagino que usted no esperará que le dirija la
            palabra.

MOLLY   Por supuesto que no, Margaret querida. Pre-
            fiero hablar yo y que usted escuche. Me gus-
            ta llevar el peso de la conversación. Ahorra
            tiempo y descarta las discusiones. ¡Es usted
            mucho más hermosa de como me la describió

su marido! Tendrá que regañarle. Cuando un hombre deja de decir que algo es encantador, también deja de pensarlo. (MARGARET *va a hablar.* MOLLY *la silencia poniéndole el abanico en los labios.*) Entiendo que hay cosas que una debe decir, pero solo en el momento inadecuado y a la gente equivocada. ¿Querrá, tal vez, Margaret querida, dedicarme algún cumplido?

MARGARET Lo que yo podría llamarle a usted no se considera un cumplido ni siquiera en Francia.

MOLLY Es una lástima. Las relaciones que empiezan con un cumplido acaban siempre en una gran amistad. Es porque han empezado como debe ser.

ARTHUR (*En voz baja.*) ¡No sea usted imprudente, miss Erlynne!

MOLLY (*Riéndose.*) Me puede pedir cualquier cosa, excepto que no sea imprudente. Iría contra mi naturaleza. Lo único capaz de consolar a una mujer por las estupideces que comete es el orgullo de haberlas cometido. (*Agarrándose del brazo de* ARTHUR.) Arthur, debe usted dedicarme mucha atención esta noche. Me asustan las mujeres. A los hombres sé cómo manejarlos, pero las mujeres se me dan mal. (*Soltándose de* ARTHUR.) ¡Pero si está aquí el querido August! ¿Cómo se encuentra usted?

AUGUST Miss Erlynne, estaba convencido de que me honraría dejándome ser su acompañante esta noche. La he estado esperando durante dos horas.

MOLLY   Siempre resulta agradable que te esperen y no llegar.

AUGUST   Tengo que decirle que me siento terriblemente desatendido.

MOLLY   ¿Será usted capaz de ser tan malo conmigo? (*A* ARTHUR.) Es él quien me ha desatendido a mí.

AUGUST   ¿Yo?

ARTHUR   ¡Avergüénzate, August!

MOLLY   Sí, y mucho. Me ha regalado esta adorable pulserita, pero no se ha dignado a acompañarla de un delicioso juego de pendientes. ¿Por quién me ha tomado? Eso no se le hace a una dama. (*A* AUGUST.) ¡Arrepiéntase!

ANNETTE   ¡Avergüénzate, August!

AUGUST   Mis disculpas, miss Erlynne.

MOLLY   Estoy muy enfadada y muy desatendida. No le he visto desde ayer. Casi me había olvidado de su rostro. Me temo que me es usted infiel. Todo el mundo me lo ha dicho.

AUGUST   Permítame explicarle, Molly...

MOLLY   No, lo único que detesto más que un crimen es su posterior explicación. Además, August querido, usted no puede explicar nada. Ese es su principal encanto.

AUGUST   ¡Ah! Así que ve usted encanto en mí, miss Erlynne...

    (*Se apartan, conversando, hacia la terraza.*)

DARLINGT.   (*A* MARGARET.) ¡Qué pálida está usted, querida!

MARGARET   ¡Los cobardes siempre están pálidos!

DARLINGT.   Parece que se vaya a desmayar, Maggie. ¡Salgamos a la terraza!

MARGARET   Arthur, voy a tomar el aire con lord Darlington. (*Iniciando el mutis.*) ¡Atente a las consecuencias!

MOLLY   Margaret, su terraza está iluminada con mucho gusto. Me recuerda a la del príncipe Doria, en Roma.

MARGARET   Me es absolutamente indiferente lo que piense usted de mi terraza. Aunque habré de decirle que, si le ha gustado, espere a ver mi jardín. Es especialmente adorable. Sobre todo, la fuentecita.

    (MARGARET *se inclina con frialdad y hace mutis con lord* DARLINGTON.)

Escena 2.6.
Salón de baile de Margaret Windermere.

MOLLY *se fija en* ANNETTE.

MOLLY   August, ¿acaso es aquella mujer su encanta-
          dora hermana? ¡Tiene que presentármela! Si
          de veras me quiere, me la presentará.

AUGUST   Justo porque la quiero, evitaba presentársela.

ANNETTE   Déjalo, August. No necesito de tus servicios
          para ser presentada. Tu misión en la Tierra es
          molestar, y la desempeñas a las mil maravi-
          llas. (*A* MOLLY.) He oído hablar mucho de us-
          ted, miss Erlynne.

MOLLY   Espero que mal, naturalmente. Tener una
          buena reputación es una de las muchas in-
          comodidades que nunca me he visto obliga-
          da a soportar.

ANNETTE   Oh, oh, oh, es usted absolutamente deliciosa.

MOLLY   Y usted es definitivamente maravillosa.

ANNETTE   No se lo niego. Ha tenido usted la desagracia
          de conocer la peor parte de la familia: mi her-
          mano. Ahora le tocaba conocer la mejor: yo.

MOLLY   Su hermano y yo somos buenos amigos. Estoy interesada en su carrera política. Va a tener un gran éxito. Además, es un orador brillante. Nunca se entiende nada de lo que dice.

ANNETTE   ¡Coincidimos en todo! ¡Qué sencillo resulta coincidir con los desconocidos!

MOLLY   Usted le da brillo a esta siniestra islita que llaman Inglaterra.

ANNETTE   Oh, oh, oh, ¡y usted es una edición de lujo de una de esas perversas novelas eróticas francesas! ¿Me permitirá ser su amiga?

MOLLY   Prefiero considerarla mi hermana.

ANNETTE   ¡Qué felicidad hallar parientes nuevos por sorpresa! Agatha, querida.

AGATHA   Sí, tía.

ANNETTE   Hemos prejuzgado a miss Erlynne.

AGATHA   Hemos hecho muy mal, tía querida.

MOLLY   (*Apartándose con* ARTHUR.) Disculpe un instante, duquesa.

ANNETTE   Pero no tarde en volver a mi lado. No me sienta bien estar sola. Me aburro con facilidad. ¡Ya ve! No soy lo suficientemente joven como para saberlo todo.

MOLLY   ¿Sabe?, creo que bailaré primero con usted, Arthur.

ARTHUR   No, mujer, no me haga eso. Piense en mi matrimonio.

MOLLY   Así pondré celoso a August. ¡August! Arthur insiste en que baile primero con él...

AUGUST   ¿Usted insiste?

ARTHUR   Desgraciadamente parece que yo insisto.

AUGUST   Usted entenderá que eso es mucho peor que sujetar un abanico.

MOLLY   Y ya que estamos en su casa, no puedo negarme. Es un tirano. Sabe que yo preferiría bailar con usted.

AUGUST   (Con una ligera inclinación.) Ojalá fuera eso cierto, miss Erlynne.

           (AUGUST da unos pasos alejándose, pero MOLLY le retiene.)

MOLLY   Lo sabe usted de sobra. Puedo imaginarme bailando toda mi vida con usted y seguir considerándole encantador.

AUGUST   Oh, gracias, gracias. ¡Es usted la mujer más adorable de todas! ¡Me hace muy feliz que baile con Windermere primero!

MOLLY   ¡Qué cosas tan bonitas dice! ¡Tan sencillas y sinceras! Justo el tipo de cosas que me gustan. Bueno, debería usted sujetarme el abanico.

AUGUST   Es tan maravilloso encontrar a alguien que te comprenda de verdad.

ROSALIND   A mí me parece peligrosísimo. Siempre que un hombre dice que me comprende de verdad, acaba intentando casarse conmigo.

ARTHUR   Miss Erlynne, no sé si es aconsejable que baile con usted estando mi esposa...

MOLLY   Querido Arthur, su esposa está entretenida con lord Darlington.

ARTHUR   ¡¿Con el imbécil de Darlington?! Si mi esposa deja su abanico a cualquiera, está claro que yo puedo bailar con cualquiera.

MOLLY   *(Extiende su mano.)* ¡Bailemos!

Escena 2.7.
Terraza de Margaret Windermere.

Saliendo a la terraza.

MARGARET ¡No me puedo creer que Arthur haya invitado a *esa mujer* a mi encantadora mascarada! ¿Qué he hecho yo para merecer esto? Siempre me he esforzado en ser la esposa perfecta. Es cierto que, por la noche, cuando me da por pensar en mis defectos, sin remedio, me quedo dormida, pero eso no me ha impedido mejorar. Le di toda mi vida. Y él la cogió –la utilizó– ¡y la echó a perder como un encaje francés al que se le ponen lazos!

DARLINGT. Usted no puede vivir con un hombre que la trata así.

MARGARET Debí haberlo adivinado. Las mujeres tenemos un instinto asombroso para las cosas. Somos capaces de descubrirlo todo, excepto lo obvio. Usted dijo que sería mi amigo, Darlington. Sea mi amigo ahora.

(Ella le coge las manos.)

DARLINGT. ¿Usted no ha sido capaz de adivinar que cuando le ofrecía mi amistad lo que le estaba ofreciendo era mi amor?

MARGARET Los hombres le cambian el nombre a todo. Por eso son incapaces de comprender el horario de los trenes.

DARLINGT. ¿Qué le aporta su marido? Mentiras y decepción.

MARGARET Es cierto. Los hombres se casan por cansancio; las mujeres lo hacemos por curiosidad. Hoy veo que la decepción es mutua.

DARLINGT. Yo le ofrezco mi vida.

MARGARET ¿Y qué habría de hacer yo con su vida? No tendría donde guardarla.

DARLINGT. Cójala, y haga con ella lo que quiera... La amo, la amo como nunca había amado a ningún ser vivo. Desde el momento en el que la conocí, la amé.

MARGARET Su pasión está trastornada. No hay que hacerle caso.

DARLINGT. Abandone esta casa esta noche. Hay momentos en los que uno debe elegir entre su propia vida, o alargar una existencia falsa, que el mundo exige con su hipocresía. ¡Elija! ¡Oh, amor mío, elija!

MARGARET   Tengo miedo a ser yo misma. ¡Déjeme pensar! ¡Mejor aún, déjeme esperar! Arthur acabará por regresar a mi lado. Si un hombre es lo bastante adulto como para hacer el mal, también debería serlo para hacer el bien.

DARLINGT.   ¡Me rompe el corazón!

MARGARET   El mío ya está roto.

DARLINGT.   Mañana abandono Inglaterra. Ésta es la última vez que nos vemos. Iré hasta los acantilados de Dover y me arrojaré al mar.

MARGARET   Bueno, no me parece tan grave. Sabe nadar.

DARLINGT.   Es cierto. Sé nadar. Entonces iré hasta los acantilados de Dover y me arrojaré contra las rocas. Es la última vez que nos vemos. ¡Adiós, Margaret!

(Mutis.)

MARGARET   ¡Qué roto tengo el corazón! ¡Qué terriblemente roto!

(Sale a escena ROSALIND.*)*

ROSALIND   ¡Señora, el señor está bailando en el salón con miss Erlynne! ¡Y de qué manera bailan! ¡Un *twist!*

MARGARET   ¿En el salón?

ROSALIND   En el salón.

MARGARET   ¿Con miss Erlynne?

ROSALIND   Con miss Erlynne.

MARGARET   Me cago en la puta. (*Silencio. Se miran.*) Dia-
            blos, quería decir.

            (*Mutis.*)

Escena 2.8.
Salón de baile de Margaret Windermere.

MARGARET *observa con estupor a* MOLLY *bailando con* ARTHUR. *Mutis de* MOLLY, *riendo, junto a* ARTHUR.

MARGARET   Resulta monstruosa la forma tan adorable en la que la mayoría de las mujeres se comportan con los hombres que no son su propio marido.

(ANNETTE *se acerca corriendo a* MARGARET.)

ANNETTE   Querida Margaret, ¡oh, oh, oh!, está todo el mundo entusiasmado con tu pequeña mascarada, ¿cierto, Agatha querida?

AGATHA   Completamente cierto. Ninguna de las dos mentiríamos jamás sobre una adorable mascarada.

ANNETTE   Acabo de tener una deliciosa charla con miss Erlynne. Siento tanto lo que te he dicho este mediodía. ¡He hecho mal en llamarla *furcia*!

AGATHA   Muy mal, tía querida.

ANNETTE   Cállate, Agatha. (*A* MARGARET.*)* No hay duda de que es una buena mujer, más aún si le permites la entrada en tu casa. Miss Erlynne, a pesar de su buen gusto, es una mujer sensata. Me ha dicho que está dispuesta al sacrificio: ¡acepta casarse con el degenerado de mi hermano! Con un poquito de suerte no volveré a verle jamás. No me imagino por qué todas habéis hablado tan mal de ella. Yo creo que es culpa de mis dos repelentes tías, que están siempre chismorreando.

AGATHA   Son dos viejas absolutamente horribles.

ANNETTE   Aun así, hay que quererlas, Agatha.

AGATHA   Aun así, las quiero, tía querida.

MARGARET ¡*Esa* mujer!

ANNETTE   Exactamente. *Esa mujer.* Así es como la llaman mis dos horrorosas tías. A las mujeres no siempre se nos recompensa por nuestro encanto. ¡Más bien se nos castiga! Es muy moderno que la dejes alternar con nosotros, Margaret. Eres una visionaria. Todas hemos comprendido la lección que pretendías darnos. Gracias. Una mujer indecente atrae toda la atención de los maridos, que, así, dejan en paz a sus esposas. ¡Miss Erlynne, si juega bien sus cartas, puede hacer que no haya más divorcios en Londres en una buena temporada!

ROSALIND   En nombre de las muchachas de vida alegre, agradezco a la señora que reconozca nuestra utilidad.

ANNETTE   Apúntalo, Agatha. Cuando te cases con Hopper te será de utilidad.

AGATHA   (*Apuntando.*) Mujeres indecentes... matrimonio largo...

ANNETTE   Por cierto, no sabrás tú, Margaret querida, dónde puede encontrarse el esquivo señor Hopper. Llevamos toda la noche intentando darle caza.

MARGARET   En la terraza, probablemente, Annette.

ANNETTE   ¡Corre, Agatha! ¡Ese australiano va a ser nuestro a cualquier precio!

     (*Mutis de* ANNETTE *y de* AGATHA. *Sale a escena* ARTHUR.)

MARGARET   Las mujeres aprendemos lo que es la vida demasiado tarde, Arthur. Esa es nuestra diferencia con vosotros. ¡Me has roto el corazón!

Escena 2.9.
Salón de baile de Margaret Windermere.

Mutis de MARGARET, *cruzando con* MOLLY, *que sale a escena.*

MOLLY   ¡Está resultando una velada de lo más deliciosa! ¡Margaret está espléndida! Ha crecido mucho. La última vez que la vi, hace veinticinco años, era un esperpento vestido de franela. Fea, fea, fea. ¡Lo que hace el tiempo con los niños! ¿Sabe usted que es muy posible que llegue a ser cuñada de la duquesa?

ARTHUR   *(Sentándose.)* ¿Pero August ha dado el paso...?

MOLLY   ¡Naturalmente! Mañana vendrá a casa. Y por supuesto que voy a aceptar. Me atrevo a decir que seré una esposa admirable. No pienso hacer ningún caso a mi marido. Y August, aunque nadie lo diría, tiene muy buenas cualidades. Y, afortunadamente, todas en la superficie.

ARTHUR   Entonces, imagino que no me ha llamado para convencer a August.

MOLLY   ¡Oh, no! Ya se ha convencido solo, pero de usted espero una generosa aportación...

ARTHUR   No me parece oportuno hablar de dinero aquí.

MOLLY   (*Riendo.*) Entonces lo hablaremos en la terraza. Los negocios deberían tratarse siempre en un escenario lo más encantador posible. Con un fondo apropiado, una mujer puede permitírselo todo.

ARTHUR   ¿No podríamos tratarlo mañana? Ahora me es imperativo hablar con mi esposa. ¡Temo por el futuro de mi matrimonio!

MOLLY   ¡Imposible! Mañana tengo que darle el sí a August. (*Confidencial.*) Prolongar más la espera podría matarle. Y, como comprenderá usted, muerto no nos sirve de nada. Creo que no estaría de más que le pudiese decir que cuento con una renta anual de, por ejemplo, ¿dos mil libras? Herencia, tal vez, de un primo tercero... o un segundo marido... o cualquier otro pariente lejano. Pero, en serio, ¿qué opinaría de dos mil libras? Aunque, sinceramente, creo que dos mil quinientas posee una mayor musicalidad. ¡Cuatro mil ochocientas libras! Esa cantidad suena definitivamente a felicidad conyugal, ¿no le parece? ¿Qué le pasa, querido amigo? Le veo taciturno. No es que usted haya sido nunca demasiado alegre. He de reconocer que, si una no se anda con cuidado, es fácil confundirle con el papel pintado de las paredes, pero lo que detecto hoy en sus ojos es verdadero sufrimiento.

ARTHUR   Es por Margaret...

MOLLY   Margaret es joven e impulsiva. Cuando sepa
         la verdad, le perdonará. Confíe en mí. No co-
         mete pecado alguno quien peca por amor.

ARTHUR   Es usted una buena persona, miss Erlynne.

MOLLY   Y si me lo permite, una gran amiga. Mañana
         yo estaré oficialmente prometida, ambos po-
         dremos ser sinceros con Margaret y todo será
         como debe ser.

         (*Mutis.*)

Escena 2.10.
Terraza de Margaret Windermere.

`

AGATHA *sale riendo a la terraza, donde se en-*
cuentra DARLINGTON.

DARLINGT.   ¿Se retira tan pronto?

AGATHA   Estoy buscando a mi tía.

DARLINGT.   ¿Y no cree usted que podría encontrarla aquí,
bailando conmigo?

AGATHA   Me encantaría, pero mi tía me tiene prohibido bailar con segundones.

DARLINGT.   ¿Segundones?

AGATHA   Terminantemente prohibido. *(Por su cuader-*
nito.) Mire, aquí lo pone. *(Leyendo.)* No bailar con segundones. ¿No es excelente mi ca-
ligrafía?

DARLINGT.   ¿Y con quién espera la duquesa que baile usted?

AGATHA   Oh, mi tía querida lo tiene todo bien pensado. Mi única pareja posible para esta noche es

el adorable, aunque esquivo, señor Hopper. Me ha dicho que con tal de cazarle puedo servirme de cualquier tipo de artimaña.

DARLINGT. ¿Cualquier tipo de artimaña?

AGATHA Cualquier tipo de artimaña. Puedo hacer lo que considere necesario.

DARLINGT. ¿Y quién es ese Hopper?

AGATHA Un gran partido. Es australiano. No le digo más.

DARLINGT. ¿Y aún no ha sido capaz de encontrarse con él?

AGATHA Y empiezo a temer que me sea imposible. No conocer en absoluto su aspecto, por lo que parece, es una desventaja. ¿Quién lo habría dicho?

DARLINGT. ¿Nunca le ha visto cara a cara?

AGATHA Jamás.

DARLINGT. (*Tras pensarlo.*) Pues está usted de enhorabuena, Agatha. ¡Yo soy el señor Hopper!

AGATHA ¿Usted es el adorable, aunque esquivo, y a todas luces australiano, señor Hopper?

DARLINGT. Absolutamente.

AGATHA   Pero esta mañana me lo han presentado como lord Darlington.

DARLINGT.   Oh, bueno, claro, pero es que resulta que mi nombre es Hopper Darlington.

(*Precaución de* AGATHA, *que le mira de arriba abajo.*)

AGATHA   Entonces, imagino que siendo usted Hopper Darlington, sabrá saltar como un canguro.

DARLINGT.   Efectivamente. ¿Quiere verlo?

AGATHA   Oh, por supuesto. Proceda. (DARLINGTON *salta como un canguro.*) Una última prueba. (*Le olisquea.*) ¿Esto que huelo es eucalipto?

DARLINGT.   ¿Cómo?

AGATHA   Mi tía me aseguró que los australianos huelen a eucalipto, pero yo jamás lo he olido. ¿Esto a lo que usted huele, y que se parece tanto a la ginebra, tal vez sea eucalipto?

DARLINGT.   Invariablemente.

AGATHA   ¡Oh, Hopper Darlington! ¡Entonces soy suya!

(*Se lanza a sus brazos. Mutis.*)

Escena 2.11.
Dormitorio de Margaret Windermere.

MARGARET *escribe, mientras* ROSALIND *prepara su capa.*

MARGARET   Me resulta imposible seguir en esta casa. ¡Tengo el corazón roto! Esta noche, un hombre que me ama me ha ofrecido toda su vida.

ROSALIND   ¡Qué suerte tiene la señora!

MARGARET   Le ofreceré la mía ahora. Le daré mi vida. ¡Me iré con él! (*Termina de escribir. Mete dos notas en sendos sobres.*) Arthur nunca me ha comprendido. ¿Cómo puede esperar que una mujer como yo sea feliz con un hombre que insiste en tratarme como si fuera una criatura absolutamente normal? Rosalind, protege estas dos notas con tu vida. La primera, has de entregársela a lord Darlington cuanto antes. Y la segunda, a mi marido, dos horas después de mi partida.

(*Le entrega ambos sobres a* ROSALIND.)

ROSALIND   Sí, señora. Las protegeré con mi vida.

MARGARET Es él quien ha roto este matrimonio. Yo solo rompo las cadenas.

(MARGARET *inicia el mutis.*)

Escena 2.12.
Salón de Margaret Windermere.

MARGARET *se cruza con* MOLLY.

MOLLY   Oh, Margaret, ¿no cree que el mundo es un lugar tremendamente divertido?

MARGARET   Las mujeres indecentes son molestas; las decentes, aburridas. Esa es la única diferencia entre nosotras. ¡Qué roto tengo el corazón!

             (*Mutis.*)

MOLLY   Rosalind, ¿está bien Margaret? ¿Ha dejado recado de dónde va?

ROSALIND   Ha dejado una nota, pero como imaginará la señora, mi lealtad me impide dársela a leer a nadie.

MOLLY   Trae aquí esa nota de inmediato, Rosalind. ¡Me temo lo peor!

ROSALIND   Imposible, señora, he jurado protegerla con mi vida.

MOLLY   ¡Toma media libra!

ROSALIND   Aquí tiene la nota.

            (MOLLY *lee con atención.*)

MOLLY   ¡No es posible! Pobrecita Margaret, va cami-
            no de la perdición sin saberlo. ¡Se dirige a casa
            de lord Darlington!

ROSALIND   Pues sí que va camino de la perdición. ¡Pobre
            señora! Nadie se merece a lord Darlington.
            También dejó esta otra nota para su marido.

MOLLY   (*Tras leer.*) ¡Margaret va a arruinar su vida para
            siempre! Cuando se juega con fuego, los ju-
            gadores habituales nunca llegamos ni a cha-
            muscarnos. Los que se queman es porque no
            saben jugar con él.

            (*Sale a escena* ARTHUR.)

ARTHUR   Miss Erlynne, ya he dado curso a su petición.
            Espero que todo sea de su agrado. (*A* ROSA-
            LIND.) ¿Has visto a Margaret?

            (MOLLY *rompe la nota en pedazos.*)

MOLLY   Se ha ido a la cama.

ROSALIND   Exactamente.

MOLLY   Sufría un espantoso dolor de cabeza.

ROSALIND   ¡Un terrible dolor de cabeza!

ARTHUR   Tengo que ir a verla. ¿Me disculpa?

(MOLLY *le sujeta.*)

MOLLY   No sea bobo, Arthur. El dolor de cabeza es la excusa preferida por las mujeres de todo el mundo para evitar nuestras obligaciones. Sin el dolor de cabeza, la natalidad se dispararía. Sea tan amable de traerme una copa de champán. Ande, sea bueno. (*Mutis de* ARTHUR, *que se marcha sin estar convencido del todo, y sin dejar de mirar a* MOLLY *y* ROSALIND.) Rosalind, deshazte de los pedazos de esta nota y rompe la otra. ¡Bajo ningún concepto se la entregues a lord Darlington!

ROSALIND   Lo juro por mi vida.

(*Sale a escena lord* AUGUST *llevando el abanico de* MOLLY.)

AUGUST   Querida, ¡me tiene usted en vilo! ¿No podría recibir una respuesta?

MOLLY   Mañana, August. Ahora necesito de usted un servicio. Escúcheme. Debe entretener a Arthur. No le deje en toda la noche si es preciso.

AUGUST   ¡Pero usted me ha aconsejado que renuncie a trasnochar!

MOLLY   (*Nerviosa.*) De los hombres espero obediencia y pulseras; no que me contradigan. No pierda de vista a Arthur esta noche. Si lo hace, nunca le perdonaré.

(*Mutis.*)

AUGUST   Realmente, me trata ya como si fuera su marido. ¡No sé qué más puedo pedir! (*Fijándose en la carta.*) ¿Qué es eso, Rosalind?

ROSALIND   Lo siento, lord Berwick, he jurado protegerla con mi vida.

AUGUST   (*Arrebatándosela.*) ¡Traiga aquí inmediatamente!

ROSALIND   ¡¿Cómo se atreve?! Le diré que la tarifa habitual es media libra.

AUGUST   Apúntalo en la cuenta de mi hermana. (*Leyendo.*) ¡Esto es un ultraje! Una nota citándose con el estúpido de Darlington en su casa. ¡Y la firma M! ¡Sólo M! Sin duda se trata de Molly. ¡Claro, al comportarse conmigo como con un marido, ha visto conveniente serme infiel! ¡Podría, al menos, haber esperado a la boda! ¡Pero con ese Darlington! ¡Ese maldito *sujetaabanicos*! Va a ver quién soy yo.

(AUGUST *hace mutis, cruzándose con* ARTHUR.)

ARTHUR   ¡Rosalind! ¡Rosalind! Vengo de la alcoba de mi esposa, ¡y no está allí! ¡Dime inmediatamente dónde se encuentra mi mujer!

ROSALIND   Pero no puedo, señor. He jurado por mi vida...

ARTHUR   ¡Te lo ordeno! (ROSALIND *duda y se desmaya, dejando caer la nota al suelo.* ARTHUR *la recoge. Tras leer.)* ¡Una cita! ¡Con Darlington! ¡Ya sabía yo que no podía salir nada bueno de que ese canalla le sujetase el abanico a mi esposa! ¡Se va a enterar de quién soy yo!

(*Mutis de* ARTHUR. *Sale a escena* DARLINGTON, *arreglándose la ropa, mientras* ROSALIND *se está levantando del suelo.*)

DARLINGT.   (*Al ver la nota.*) Rosalind, ¿quizás esa nota está a mi nombre?

ROSALIND   Muy posiblemente, lord Darlington.

DARLINGT.   ¿Y no piensas entregármela?

ROSALIND   La señora me dijo que me daría usted dos libras.

DARLINGT.   ¿Dos libras? Realmente ha subido el precio del servicio de correos. (*Al leer.*) Margaret va camino de mi casa. ¡Qué suerte la mía! ¡Ahí voy!

(*Mutis de* DARLINGTON, *mientras* AGATHA, *arreglándose la ropa, sale a escena.*)

AGATHA   ¡Hopper! ¡Hopper! ¡Señor Hopper! ¡Hopper Darlington! ¡Amor!

(ANNETTE *sale detrás de ella.*)

ANNETTE	Pero, ¿qué estás diciendo, desdichada, y por qué vas tan mal vestida?
AGATHA	He encontrado al señor Hopper, tía querida.
ANNETTE	¡No me lo puedo creer! ¡La suerte de la fea, la guapa la desea!
AGATHA	¡Lord Darlington es el señor Hopper! Darlington es el nombre que utiliza en Londres para pasar desapercibido.
ANNETTE	¡Es imposible! ¿Estás tú segura de eso? ¡Suena a patraña!
AGATHA	Todo él huele a eucalipto.
ANNETTE	Entonces no hay duda. Rosalind, ¿se ha retirado ya lord Darlington?
ROSALIND	Efectivamente. Acaba de salir como alma que lleva el diablo en dirección a su casa en la deliciosa calle Curzon.
ANNETTE	¡Parece ser que todo el que es alguien hoy en Londres es vecino de los adefesios de mis tías! ¡Ese australiano ya es nuestro! Por tu aspecto, Agatha, el escurridizo Hopper Darlington ya ha ordeñado la vaca.

(AGATHA *se ríe, coqueta.*)

AGATHA	Varias veces, además.

ANNETTE   Pues ahora no le queda más remedio que comprarla. ¡Vamos! ¡A la calle Curzon!

(*Mutis.*)

ROSALIND   Todos los caminos conducen a Darlington, es
decir, a la desilusión...

(*Mutis. Lentamente cae el...*)

Telón.

Acto 3
Escena 3.1.
Salita de estar de lord Darlington.

MARGARET, *en escena, muy nerviosa.*

MARGARET   Esta espera es horrible. ¿Por qué Darlington no llega? Una mujer decente jamás debería esperar sola a un pretendiente indecente... y bajo ningún concepto debería esperarle más de un cuarto de hora. ¡Y yo llevo esperando casi una hora! ¡Qué cruel es el destino conmigo! ¿Por qué no está aquí Darlington avivando mi amor con palabras apasionadas? Estoy helada. Helada y sin amor. Helada, sin amor y sin un mísero sándwich de pepino que llevarme a la boca. Ciertamente tenía que haber comido algo antes de emprender la fuga. A estas horas Darlington debería haber leído mi nota... Y Arthur también. ¿Serán capaces de no venir ninguno de los dos?

(Sale a escena lord DARLINGTON.)

DARLINGT.   ¡Maggie!

MARGARET   ¡Darlington, ¿qué hace usted aquí?!

DARLINGT.   Estamos en mi casa.

MARGARET   Eso es cierto. Se me había olvidado. ¿De quién es esta casa? ¿A quién pertenece mi corazón? ¿Por qué aquí no hay ni un solitario sándwich de pepino? Usted no puede pedirle a una mujer que sufre como yo sufro que se fije en esos detalles. ¡¿Qué quiere usted de mí?!

DARLINGT.   Leí su nota, Margaret. ¿Significa, tal vez, que ha decidido corresponder a mi amor?

MARGARET   Tristemente, sí. He decidido corresponder. Oh, Darlington, ¡Arthur ya no me ama! Si me quisiera, aunque fuese un poco, habría venido a buscarme. Naturalmente, a usted le asesinaría y...

DARLINGT.   Asesinarme me parece excesivo, Margaret.

MARGARET   Le asesinaría sin dudar, y a mí me llevaría de vuelta a casa, aunque para ello tuviera que utilizar la fuerza. Pero ya no le importo. Está fascinado por *esa mujer*, ¡dominado por ella! Oh, ha sido una locura venir. ¡Una locura terrible! ¡Debería volver a casa! Pero bailemos, Darlington, ¡bailemos como *esa mujer* ha bailado con mi marido! (MARGARET *baila el twist* con DARLINGTON.) ¿Me tratará usted bien? He oído que los hombres que presumen de románticos suelen ser horribles y brutales.

DARLINGT.   Solo viviré para usted.

MARGARET   Pero, ¿me querrá siempre? En realidad, ¿qué le ofrezco yo? Unos ojos cegados por las lágrimas, un corazón helado y un estómago vacío.

DARLINGT.   ¡Me lo quedo! ¡Me lo quedo todo!

(DARLINGTON *la intenta besar, pero ella le frena. Dejan de bailar.*)

MARGARET   ¿Tal vez podría volver a ponerse ese simpático gorrito de rufián y esos tirantes de canalla? Sin duda, resultaría usted mucho más seductor.

DARLINGT.   ¡Voy a cambiarme ahora mismo, Maggie! *(Inicia el mutis.)* ¡Espéreme!

MARGARET   ¡Pero no conozco su nombre de pila! ¿Cómo debo llamarle en el arrebato del amor? Utilizar su apellido me resulta demasiado formal.

DARLINGT.   Mortimer.

(*Mutis de* DARLINGTON.)

MARGARET   ¿Mortimer? ¡Oh, Dios mío, es un nombre feísimo! Le seguiré llamando Darlington. Esta experiencia nos demuestra que la formalidad nunca está de más. Pero, ¿qué estoy haciendo? ¡Voy a arruinar mi vida! Tengo que volver a casa. ¡No! No puedo volver. ¡Arthur no me dejaría regresar a su lado! Mi carta ha sellado mi destino. ¡No! Me quedaré con Darlington. Aceptaré llamarle *Mortimer*. ¡No, no, no puedo, es un nombre demasiado feo! Volveré a casa, dejaré que Arthur haga conmigo lo que quiera. *(Escribe una nota.)* Rosalind, ¡socorro! ¡Me encuentro en casa de lord Darlington! La reconocerás por los dos adefesios vestidos de malva que hay asomados en la ventana de enfrente. ¡Sálvame!

Escena 3.2.
Dormitorio de lady Windermere.

ROSALIND *acaba de leer la nota.*

ROSALIND   ¡No tema la señora! ¡Corro en su auxilio!

(*Mutis.*)

Escena 3.3.
Salita de estar de lord Darlington.

MOLLY *sale a escena precipitadamente.*

MOLLY ¡Menos mal que la encuentro! Me ha hecho pasar tanto miedo, Maggie. Tendrá que reconocer que ha sido muy mala conmigo.

MARGARET ¡Usted aquí! ¡No es posible! Le exijo que abandone ahora mismo la casa de mi futuro amante. Voy a arrojar mi buena reputación por la borda, y necesito intimidad. ¡Váyase!

MOLLY Huy, Margaret, esas mejillas sonrojadas, esa palidez... ¡parece que haya cometido usted un crimen terrible! No se preocupe. Nos pasa a todas las mujeres bonitas. Le enseñaré a disimularlo.

MARGARET ¡Váyase, miss Erlynne! Mi marido y usted han causado mi ruina. Conténtese con haberme destruido. No quiera asistir al espectáculo de mi degradación en palco preferente. ¡Váyase!

MOLLY ¿Su ruina?

MARGARET Mi marido y usted...

MOLLY   Oh, Arthur tenía razón. ¡Qué equivocada he estado! Debimos ser sinceros con usted. Déjeme enmendar mi error. Debe abandonar esta horrible casa. Mi adorable cochecito rojo está esperando en la esquina.

MARGARET   ¡No pienso subir en su adorable cochecito rojo, aunque todo el mundo diga que es el más bonito de Londres! ¡Especialmente, la capota!

(*Sale a escena* ANNETTE, *seguida de* AGATHA.)

MOLLY   No hay ni un instante que perder. Confíe en mí. (*Intentando cogerla del brazo con vehemencia.*) Darlington regresará en cualquier momento.

MARGARET   ¡Suélteme, mujerzuela!

ANNETTE   ¡Aquí se está fraguando un escándalo, Agatha!

AGATHA   ¡Se fragua, se fragua, tía querida!

ANNETTE   ¡Lady Windermere y miss Erlynne juntas en este nido de depravación!

MOLLY   ¡Annette, ¿qué diablos hace usted aquí?!

ANNETTE   Venimos siguiendo la pista del adorable, aunque esquivo y, a todas luces australiano, señor Hopper.

MARGARET ¿Hopper en esta casa?

ANNETTE No se lo van a creer ustedes, pero Darlington le ha dicho a la niña, después de tomarla...

MOLLY ¿Después de tomarla?

AGATHA Me ha tomado enterita, enterita... Olía muchísimo a eucalipto.

MOLLY ¡Qué horror! ¡Qué poco se valoran las mujeres en Inglaterra!

MARGARET ¿Pero Annette, tu deliciosa sobrina no estaba destinada al adorable, aunque esquivo y, a todas luces australiano, señor Hopper?

AGATHA ¡Es que lord Darlington es, en realidad, el señor Hopper!

ANNETTE Así se lo ha confesado a la niña. ¡El nombre real de Darlington no es otro que Hopper Darlington!

MARGARET Pero si a mí me acaba de confesar que su nombre es Mortimer.

ANNETTE ¿Mortimer?

MOLLY Es un nombre despreciable.

ANNETTE ¿Mortimer Hopper Darlington? Este muchacho es un desgraciado.

MOLLY   Margaret, no tenemos tiempo que perder. ¡Por favor, regrese a casa! Se lo suplico. Nadie debería entregarse a un hombre que se llama Mortimer Hopper Darlington, y menos que nadie, usted. Confíe en mí, debe volver con Arthur y conmigo.

MARGARET   ¿Con Arthur y con usted?

MOLLY   ¡Inmediatamente!

MARGARET   Solo le voy a decir una cosa, miss Erlynne: si Rosalind estuviese aquí, sin duda, ¡se desmayaría!

(ROSALIND *sale a escena.*)

ROSALIND   ¡Aquí estoy, señora!

(ROSALIND *se desmaya.*)

MARGARET   Vuelva con mi marido, miss Erlynne. Vuelva con él y disfrútelo. Le pertenece a usted y no a mí.

MOLLY   Pero, Margaret, ¿para qué iba a querer yo a su marido?

ANNETTE   A su marido o a cualquier otro. La mujer que desea un marido, en el pecado lleva la penitencia.

AGATHA   Entonces, tía querida, ¿por qué habría yo de casarme?

ANNETTE   Porque eres fea, Agatha. ¡Qué cosas me obligas a decirte!

MOLLY   Pero, Margaret, ¿qué imagina usted que ocurre entre su marido y yo?

MARGARET   Nada. No imagino nada. Su escandalosa forma de bailar no dejaba espacio a la imaginación.

ROSALIND   Ningún espacio.

MOLLY   Está siendo usted injusta. Entre su marido y yo no hay más que una tierna amistad. Se confunde terriblemente conmigo. Se confunde terriblemente con su marido. Se confunde terriblemente con todo.

MARGARET   ¡Llévese a mi marido, ya que tanto lo quiere!

MOLLY   Que no lo quiero. Annette, por favor, ayúdeme a salvar a Margaret de sí misma. ¡Va a arruinar su vida! ¡La fatalidad de las malas decisiones es que siempre se toman demasiado pronto!

ANNETTE   Margaret querida, ¿en serio crees que Arthur tendría el valor o el encanto como para serte infiel?

MARGARET   A mí me resulta muy atractivo.

ANNETTE   Y eso te hace única en todo Londres.

MOLLY   ¡Yo a quien amo es al encantador y manejable August!

ANNETTE   Mire qué bien. Eso también la hace a usted única en todo Londres.

MOLLY   Se lo juro, Maggie, su marido solo me auxilia en un momento de desdicha. No hay nada entre nosotros que merezca la pena ser publicado en los escandalosos periódicos de la capital.

MARGARET   ¿Nada?

ROSALIND   ¿Nada de nada?

AGATHA   ¿Nada, nada, nada...?

MOLLY   Absolutamente nada.

MARGARET   No entiendo, entonces, el porqué de su cercanía con él.

MOLLY   Eso obedece a un secreto que ahora mismo estoy dispuesta a confesarle, Maggie.

(*Sonido de puerta que se abre.*)

ARTHUR   (*Voz en off.*) ¡Darlington, desgraciado! Dé la cara.

MARGARET   ¡Arthur! ¡Estoy perdida!

ARTHUR   (*Voz en off.*) ¡Darlington, maldito *sujetaabanicos*, salga ahora mismo!

MOLLY   ¡August! ¡Estoy perdida!

ANNETTE   Ya está tu padre haciendo el ridículo otra vez.

AGATHA   ¿Entendemos todas, entonces, que el adorable, aunque esquivo y, a todas luces australiano, Mortimer Hopper Darlington, es mío?

MOLLY   (*A la vez.*) ¡Absolutamente suyo!

MARGARET   (*A la vez.*) ¡Absolutamente suyo!

ANNETTE   ¡Que Dios te lo conserve!

ARTHUR   (*Voz en off.*) Quítate de en medio, Windermere. Apártate, Berwick.

ROSALIND   (*Iniciando el mutis.*) ¡Por aquí! ¡Escóndanse las señoras!

            (*Mutis de* ROSALIND, MOLLY *y* MARGARET.)

ANNETTE   ¡Vamos, Agatha! ¡Parece ser que hay que esconderse!

AGATHA   Tengo que decirte, tía querida, que yo no me veo fea en absoluto.

ANNETTE   ¡Ay, pobrecita mía! ¡Pobrecita mía! Además de fea, miope.

(*Mutis de* ANNETTE *y* AGATHA.)

Escena 3.4.
Salita de estar de lord Darlington.

Salen a escena AUGUST *y* ARTHUR, *empujándose, el uno al otro.*

AUGUST   Te ruego, Windermere, que te apartes y me dejes disponer de ese canalla de Darlington.

ARTHUR   Lo mismo te ruego yo a ti, Berwick. Pienso batirme en duelo con él.

AUGUST   ¡Una gran idea! Podrás matarle, después de que le mate yo.

ARTHUR   No es lo mismo *antes* que *después*. ¡Y yo prefiero matarle antes!

AUGUST   ¡Caprichoso! Es el honor de mi futura mujer lo que está en juego.

ARTHUR   ¡Es el honor de mi presente mujer lo que está en juego!

AUGUST   ¿Pero no ves, Arthur, que mi problema es mucho peor que el tuyo? ¡Me está siendo infiel cuando todavía no nos hemos casado!

(*Sale a escena* DARLINGTON *vistiendo el gorrito, los tirantes y unos calzones.*)

DARLINGT.　Aquí me tienes, amor mío... (*Al verles.*) ¡Windermere!

ARTHUR　(*Abofeteándole.*) Le exijo, Darlington, que confiese dónde esconde a mi esposa.

AUGUST　(*Abofeteándole.*) Le exijo, Darlington, que confiese dónde esconde a mi futura esposa.

DARLINGT.　¡Berwick!

ARTHUR　¡Darlington!

AUGUST　¡Windermere!

DARLINGT.　¡Aquí no hay nadie! Estoy yo solo.

(*Silencio.* AUGUST *y* ARTHUR *se miran.*)

AUGUST　¿Y por qué va así vestido?

DARLINGT.　No sé a qué se refiere.

ARTHUR　Lo sabe usted perfectamente.

DARLINGT.　¡Ah, ¿lo comenta por los tirantes, tal vez?! Bien. La realidad es que iba a tomar *cognac*, y así es como acostumbro a tomarlo.

AUGUST　¿Y a quién llamaba usted *amor mío*?

(*Silencio.*)

DARLINGT. Al *cognac*. Me gusta mucho.

AUGUST ¿Arthur?

ARTHUR ¿August?

DARLINGT. ¡*Cognac*!

AUGUST ¿Y dónde está ese *cognac* del que tanto presume usted?

DARLINGT. Pues, lamentablemente, se ha terminado.

AUGUST Arthur, amigo mío, ¿de verdad te crees la excusa del *cognac*?

ARTHUR ¡En absoluto, August!

AUGUST (*Abofeteando a* DARLINGTON.) ¿Dónde está miss Erlynne, canalla?

ARTHUR (*Abofeteando a* DARLINGTON.) ¿Dónde está Margaret, desgraciado?

AUGUST No me puedo creer que se haya citado con las dos a la vez.

DARLINGT. Yo tampoco, la verdad.

AUGUST Busquémoslas, amigo mío.

ARTHUR   ¡Busquémoslas!

(*Mutis de* ARTHUR y AUGUST.)

Escena 3.5.
Salita de estar de lord Darlington.

Salen a escena ANNETTE *y* AGATHA, *que corre hacia Darlington y salta para que la coja en brazos.*

AGATHA   ¡Hopper! ¡Hopper Darlington! ¡Amor mío!

ANNETTE   ¡Lord Darlington, le exijo una explicación! ¿Es usted o no es usted el señor Hopper?

DARLINGT.   Sí, soy Hopper, absolutamente Hopper, Hopper. Soy todo lo Hopper que un hombre puede serlo hoy en día.

ANNETTE   ¿Hopper Darlington?

DARLINGT.   Así me llaman.

ANNETTE   ¿Y cómo explica usted que corra el siniestro rumor de que su nombre, en realidad, no es otro que *Mortimer*?

DARLINGT.   *(Dejando a* AGATHA.*)* Bueno, pues sí, claro, porque ese es mi nombre, en realidad: Mortimer Hopper Darlington. No veo yo el problema.

ANNETTE   ¿Y, tal vez, podría explicarme, señor Morti-
           mer Hopper Darlington, por qué va vestido
           usted de esa manera tan estrafalaria?

DARLINGT. (*Tras pensarlo.*) Esperaba a lady Agatha. Es
           obvio.

ANNETTE   Es obvio, Agatha querida.

AGATHA   Es obvio, tía querida.

ANNETTE   Bueno, ya que usted ha mantenido relaciones
           con mi sobrina y le ha hecho perder lo que ja-
           más pensé que hombre alguno quisiese, en-
           tenderá que no le queda más remedio que ca-
           sarse con ella e irse a vivir a Australia.

           (DARLINGTON *inicia, disimuladamente, el mu-
           tis.*)

AGATHA   ¡¿A Australia, tía querida?!

ANNETTE   A Australia, Agatha querida. Allí los dos pa-
           saréis desapercibidos.

AGATHA   Pero yo no quiero ir a Australia.

ANNETTE   ¡No tienes elección! Deberéis iros a Australia
           y, sobre todo, casaros cuanto antes. (*Mutis de*
           DARLINGTON.) Pero, ¿dónde ha ido este mu-
           chacho? Ay, Agatha, ya se te ha escapado.

AGATHA   *(Iniciando el mutis.)* ¡Mortimer Hopper Dar-
          lington, regrese! ¡Le amo!

          (Mutis de AGATHA.*)*

Escena 3.6.

Salita de estar de lord Darlington.

ANNETTE *va a ir tras su sobrina, cuando salen a escena* MOLLY *y* MARGARET.

MARGARET ¿De veras me asegura usted, Molly, que Arthur no ha leído mi carta?

MOLLY Le doy mi palabra. La destruí antes de que nadie pudiese hacerlo.

MARGARET ¡Estoy salvada, entonces! ¡El regreso a casa es posible!

MOLLY La lástima es que nadie más que yo la haya leído. Su estilo desgarrado escribiendo cartas de desamor es absolutamente delicioso.

MARGARET Pero, cuénteme, ¿cuál es ese terrible asunto que la ha convertido a usted en una mujer tan desdichada, y en el que mi marido la está prestando ayuda, miss Erlynne?

(Silencio.)

ANNETTE Queridísima Molly, está usted entre amigas. No dude en confesarse.

MOLLY   Bien... Le haré caso, lady Berwick. Me confesaré con ustedes, que me han mostrado tanto cariño y devoción.

ROSALIND   Tanto, tanto...

ANNETTE   Tanto cariño y devoción.

MOLLY   La realidad es que yo, aunque nací en Inglaterra, vengo de Francia.

ANNETTE   Como el bidet.

MOLLY   Y allá, en Francia, en París, concretamente, fui... mala.

ROSALIND   ¿Y quién no es *mala* en París?

MOLLY   Ustedes no pueden entenderlo. No comprenden a qué se expone una mujer por divertirse, por ser fiel a su esencia, por ser ella misma. No saben lo que es caer en lo más hondo, ser despreciada, ridiculizada por espantosas mujeres vestidas de malva, que en París también las hay...

ANNETTE   Europa no se habrá civilizado hasta que no destierre el malva de su vestuario.

MOLLY   ¡Ser una paria! Que le cierren las puertas de la buena sociedad, tener que transitar las callejuelas para no cruzarse con nadie, y siempre escuchando la terrible carcajada del mundo, que es más trágica que todas las lágrimas que jamás se hayan derramado. Una mujer no paga por sus pecados, sino por los pecados que la sociedad decide que ha cometido. Y, entonces, paga, y luego vuelve a pagar, y, tras eso, paga de nuevo. ¡No saben lo terrible que resulta que murmuren sobre una esas mujeres que presumen de decencia y que carecen de piedad!

ANNETTE   Me da la sensación de que la decencia se ha convertido en el refugio de las gentes que disfrutan fastidiando a sus semejantes.

MARGARET   Por eso nosotras jamás hemos hablado mal de usted.

ROSALIND   ¿Jamás?

ANNETTE   Jamás de los jamases. Toma medio soberano, Rosalind, a ver si así te callas. (*Tras dárselo.*) Continúe, miss Erlynne, sea tan amable.

MOLLY   Hice cosas impúdicas, que la sociedad jamás me perdonará, y, aunque yo no me arrepiento de ninguna de mis acciones, curiosamente, me impiden conseguir un marido presentable.

ANNETTE   Pobrecita mía, y se ha quedado con August.

MOLLY   Y el adorable Arthur, al saber de mis dificultades, corrió en mi auxilio, concediéndome una segunda oportunidad, aquí en Londres.

MARGARET   Arthur es un hombre admirable. Jamás debí dudar de él.

ROSALIND   No se torture, la señora.

ANNETTE   Además, piensa, Margaret, que tu marido se olvidaría por completo de tu existencia si no le importunases de cuando en cuando para recordarle que estás en tu perfecto derecho legal de hacerlo.

MOLLY   (*Cogiendo las manos de* MARGARET.) Por eso, Maggie, usted tiene que escapar de esta terrible casa con su reputación intacta. Dios le ha dado amor y un hijo. ¡Váyase, váyase rápido! Regrese a casa como si nada de esto hubiese sucedido.

MARGARET   ¡Es cierto! ¡Lléveme a casa, miss Erlynne! ¡Lléveme en su adorable cochecito rojo! ¡Déjeme tocar la bocina!

ANNETTE   ¡Y a mí también! Debo confesar que, desde que la vi por primera vez conduciéndolo, solo sueño con tocar *esa* bocina.

MARGARET   ¡Oh, Molly! ¡Le debo la vida!

MOLLY   Más le debo yo a su marido. Y comprenda, Margaret, que todo lo que lord Windermere me ha dado ha sido... por amor a usted.

MARGARET   ¿Por amor a mí?

(Sonido de los hombres acercándose.)

ANNETTE   ¡Pues nada, ahí vienen otra vez, los muy inoportunos!

ROSALIND   ¡Nuevamente las señoras están perdidas!

MARGARET   Si Arthur me encuentra aquí...

MOLLY   ¡Si August me descubre en esta casa...!

ANNETTE   *(Iniciando el mutis.)* ¡A esconderse! ¡Te seguimos, Rosalind!

Escena 3.7.
Salita de estar de lord Darlington.

Salen a escena DARLINGTON, ARTHUR *y* AUGUST.

ARTHUR   Tiene que disculparnos. Hemos sido de lo más
             groseros con usted.

AUGUST   Es cierto. Debe disculparnos. ¡Resultaba abso-
             lutamente demencial pensar que lady Winder-
             mere y miss Erlynne estuviesen en esta casa!

DARLINGT.   No deben preocuparse, amigos míos. A mí me
             encanta recibir bofetadas.

             (ARTHUR *se fija en el abanico que ha dejado ol-
             vidado* MARGARET *en la mesita.*)

AUGUST   ¿Qué ocurre, Arthur? Parece que hayas visto
             un fantasma.

ARTHUR   ¡El abanico de mi esposa! ¡Este es el abanico
             de mi esposa!

MARGARET   (*Desde el escondite.*) ¡Estoy perdida!

ARTHUR   ¿Qué demonios hace aquí el abanico de mi es-
             posa?

Escena 3.8.
Dormitorio de lord Darlington.

Las cuatro mujeres se miran llenas de pavor.

MARGARET   ¡Ha encontrado el abanico!

ANNETTE   ¡Margaret!

ROSALIND   ¡Señora!

AUGUST   *(En la salita.)* ¿Estás seguro, Arthur, de que es su abanico?

ARTHUR   *(En la salita.)* ¡Completamente! Hice grabar su inicial. ¡Una M!

MARGARET   ¡Esto es el fin!

MOLLY   ¡Silencio todas! Margaret, estoy aquí para salvarla. Y lo haré. A la primera oportunidad, Annette, haga salir a lady Windermere por la puerta de servicio.

MARGARET   ¿Y usted, qué será de usted?

MOLLY   Me enfrentaré a ellos. París me expulsó; aho-
         ra será Londres quien me desprecie... ¡Oh! No
         se preocupen por mí. Aún me queda Roma.

ANNETTE Y, en el peor de los casos, Hamburgo.

         (*Mutis de* MOLLY.)

Escena 3.9.

Salita de estar de lord Darlington.

Sale a escena MOLLY. *Silencio. Los tres hombres se quedan petrificados.*

AUGUST   ¡Molly!

MOLLY   Buenas noches, señores. ¡Oh! *(Reparando en el abanico, como por accidente.)* Me temo que me llevé el abanico de su esposa por error, al salir de su casa. Lo siento mucho. Debió de confundirme la inicial. M.

AUGUST   ¿Pero qué hace usted en casa de lord Darlington, miss Erlynne?

MOLLY   Creo que hay poco que explicar. Como todos podrán observar, las apariencias hablan por sí mismas. Soy lo que se esperaba de mí.

ARTHUR   Y yo que pensaba que había cambiado, pero sigue siendo la misma mujerzuela que se acercó a mí en aquella siniestra callejuela de París, suplicando ayuda y piedad. ¡Y pensar que por usted he puesto en peligro mi matrimonio, miss Erlynne! ¡La desprecio!

AUGUST   ¿Es cierto eso, Molly? ¿Es cierto?

MOLLY   Es cierto, August. Y si han terminado ya con-
            migo, señores, me retiro. Mañana tengo que
            emprender viaje temprano.

ARTHUR   Es todo cierto, August. No te merece. Siento
            haberte puesto en sus manos. Su lugar no está
            en la sociedad. ¡Está en el arrabal!

AUGUST   (Corriendo hacia ella.) ¡No, miss Erlynne! ¡No!
            Donde usted vaya, allí iré yo. Y si es al arra-
            bal o al Infierno, permítame el honor de ser
            su acompañante. (Arrodillándose.) Molly, ¿me
            acepta como su esposo?

MOLLY   (Con lágrimas en los ojos.) Sí, August. ¡Sí! Cla-
            ro que te acepto.

AUGUST   ¡Hurra!

ARTHUR   ¡Escúchame, August! ¿Qué estás haciendo?
            ¿No ves que las mujeres estaban en lo cierto?
            ¡Es la fulana que todas pensaban que era!

            (Sale a escena MARGARET.)

MARGARET   ¡No, Arthur! La fulana que todas pensábamos
            que era miss Erlynne, en realidad, soy yo. ¡El
            abanico es mío!

            (ARTHUR cae sentado de la impresión.)

ARTHUR   ¿Qué estás diciendo, Margaret?

ANNETTE   (*Saliendo a escena.*) ¡No, señores! ¡Deténganse! La fulana que todas pensábamos que era miss Erlynne, en realidad, soy yo. ¡El abanico... no es mío! Eso es cierto. Pero lo he robado. Fulana y ladrona. No se puede ser peor.

AUGUST   ¡Annette, ¿quién iba a decirlo?!

ROSALIND   (*Saliendo a escena.*) ¡No, señores! Sin lugar a dudas, la fulana que todas pensábamos que era miss Erlynne, en realidad, soy yo.

DARLINGT.   Eso sí que se veía venir.

ROSALIND   ¡Yo soy la amante de lord Darlington!

ANNETTE   ¡En absoluto, la desgraciada amante de lord Darlington soy yo!

MOLLY   ¡No, esa vergüenza me pertenece íntegramente!

MARGARET   ¡Mentira! Fui yo la que vino a esta casa con la intención de entregar mi amor a lord Darlington para vengarme así de mi marido.

(*Sale a escena* AGATHA.)

AGATHA   ¡Falso todo! Soy yo la que se ha entregado apasionadamente a lord Mortimer Hopper Darlington.

ANNETTE   Eso es cierto.

AGATHA   ¡Yo soy la fulana!

ANNETTE   ¿Ves? Eso ya no hay quien se lo crea.

ARTHUR   ¡Señoras, exijo una explicación!

AUGUST   ¡Y yo se la daré! La fulana... soy yo.

               (ARTHUR *se acerca a* MARGARET, *aturdido y sin acabar de comprender nada.*)

ARTHUR   Margaret, no entiendo lo que ocurre, soy un hombre vencido... Dime, por favor, ¿qué está sucediendo?

MARGARET   Sucede, amor mío, que dudé de ti, y casi pago esa debilidad con la deshonra y la ruina.

ROSALIND   Darlington es la deshonra y la ruina.

DARLINGT.   Exactamente.

MARGARET   Vine a esta casa buscando en él lo que pensaba que tú le habías regalado a miss Erlynne.

               (ARTHUR *coge las manos de* MARGARET.)

ARTHUR   Jamás he mirado a otra mujer que no seas tú.

MARGARET   Ahora lo sé. Sé que eres un buen hombre, y sé todo lo que has hecho por miss Erlynne y el motivo por el que lo has hecho.

ARTHUR   ¿Todo?

MARGARET   ¡Todo!

ARTHUR   Entonces, ya sabes que sois hermanas.

(*Sorpresa general.*)

MARGARET   ¿Hermanas?

MOLLY   Sí, Maggie. Yo soy tu hermana perdida en Francia y que ha regresado a Inglaterra gracias a tu esposo.

MARGARET   ¿Mi hermana?

MOLLY   Tu hermana, Maggie.

MARGARET   Tengo que decir, Molly, que siempre lo he sabido.

ANNETTE   Yo también lo he sabido siempre. Se veía a la legua.

ROSALIND   Lo cierto es que son clavaditas.

AGATHA   Yo también lo sabía.

ANNETTE   ¡No, Agatha! Tú de milagro sabes cómo te
            llamas.

ARTHUR   Entonces, Margaret, ¿me perdonas?

MARGARET   ¿Cómo no había de perdonarte, si siempre has
            sido mi marido ideal, y, encima, has traído de
            vuelta a mi hermana descarriada?

AGATHA   ¡Mortimer Hopper Darlington, le amo!

            (AGATHA *salta encima de* DARLINGTON.)

AUGUST   ¿Mortimer?

ARTHUR   ¿Hopper?

DARLINGT.   ¡Darlington!

ANNETTE   Desgraciadamente, el nombre de este pobre
            imbécil es ese: Mortimer Hopper Darlington.
            Imagino que siendo australiano será lo habi-
            tual.

ARTHUR   Querida lady Berwick, siento ser yo el que le
            diga que Darlington ni se llama Hopper ni es
            australiano.

ANNETTE   Entonces, ¿usted le ha arrebatado la virtud a
            mi pobre sobrina con engaños y ardides?

DARLINGT.   He de reconocer que sí, lady Berwick.

AUGUST   ¡Bienvenido a la familia, muchacho!

ANNETTE   Agatha, las dos sabemos que no podías aspi-
              rar a un australiano de verdad.

ROSALIND   Entonces, ¿el inmensamente rico y adorable,
              aunque esquivo y, a todas luces australiano, se-
              ñor Hopper, sigue en casa, lady Windermere?

MARGARET   Eso imagino, Rosalind.

ROSALIND   Ajá.

AUGUST   ¡Molly, le juro que la amaré siempre!

MOLLY   ¡August, el amor es la única cosa que se me
              ha escapado entre los dedos a cada segundo
              de mi vida! Por eso me he divertido tanto.
              ¡Ahora, gracias a ti, estoy lista para convertir-
              me en una mujer casada y aburrirme a placer!

ANNETTE   Así que resulta que Arthur no fue infiel, y se-
              guirá felizmente casado con Margaret, que
              tampoco ha sido infiel; la pobre miss Erlynne
              se casará con el degenerado de mi hermano;
              y Darlington y Agatha, que son tal para cual,
              también se casan. ¡Qué desgracia!

AUGUST   Sigue nuestro ejemplo, Annette, cásate.

MOLLY   ¡Cásese!

MARGARET   Sí, Annette, cásate.

AGATHA   ¡Cásate, tía querida!

ROSALIND ¡Cásese, duquesa!

ANNETTE   ¿Casarme yo? (*Se ríe.*) ¿Para qué? Amarse a una misma supone el comienzo de un romance eterno. Y es un romance en el que pienso insistir.

          (*Lentamente cae el...*)

          Telón.

Esta primera edición de *El abanico de lady Windermere*,
de Ramón Paso, terminó de imprimirse
en octubre de dos mil veinticinco,
en Madrid.